不生氣的心

43 個遠離怒氣、重獲心靈自由的練習

枡野俊明—著
鄭舜瓏—譯

前言

身為禪僧的我時常被問到這些問題：

「為什麼您這麼忙碌，卻能保持從容自在？」

「為什麼您可以如此沉著冷靜？」

的確，我從未跟人翻臉，暴怒。而且，平時即使再忙碌，我也會心無旁騖地完成每一件工作，因為我知道這是最有效率的做法。或許如此，我總是給人一種處之泰然的感覺。

其實，當我還是學生的時候，個性比一般人急躁，常為了一點小事勃然大怒，也常事後後悔：「哎呀，又犯戒了！」

改變我個性的契機，是在曹洞宗大本山總持寺的雲水（禪宗的修行僧）生活。

後面我會詳述，禪寺的修行生活非常規律、嚴格，只要持續這樣的生活一段時間，不知不覺中，煩躁不安與生氣的情況將大大減少。

拿起這本書的你，應該很希望找到減低自己的憤怒與壓力，平心靜氣過生活的方法吧。若是如此，看到這裡會不會覺得很失望：「原來還要經過嚴格的修行生活才能改變易怒的個性？」

但各位請不必灰心。

禪宗裡面有很多妙語，能教大家如何放下爭鋒相對之心，保持穩定的心情過日子。將禪心運用在日常生活中，就能心如止水，減少憤怒和煩躁發生的機會。

所謂的禪心是指──不為物役，珍惜當下；是指放下執著心，心懷滿足地過每一天；是指拋棄多餘的東西，活得簡單。

憤怒是任何人都有的情緒，很難完全去除。但若放任憤怒不受控制，很可能會傷害別人，讓我們的人際關係受損。再加上若把這份情緒憋在心裡，日後鬱積久了，必然形成心理上的壓力。

假使你現在心裡已經累積了許多憤怒的情緒與壓力，沒關係，我相信你在讀這本書過程中，會感覺肩膀越來越放鬆，有一種撥雲見日，視野遼闊之感。

其實，不需要嚴格的修行也能達到這樣的境界。任何人只要在每天的生活中努力實踐禪修，必能感覺到內心的變化。

經過練習後，你一開始會發現，碰到平時容易情緒失控的場面，漸漸變得可以冷靜面對。其次，即使面對突如其來的動怒，也能瞬間回歸平常心。

當你冷靜下來，心就會變得安定，做起事情也能百分之百發揮自己的實力。

這本書除了會介紹禪門流傳的逸事與禪語，也會簡單明瞭地介紹一些方法，教大家遠離憤怒，重獲心靈的自由。此外，為了讓大家可以將禪修法實際運用於日常生活中，本書另設一個章節藉由幾個具體的例子，以Ｑ＆Ａ的形式替大家解惑。

人生有可能因為一句話、一行字而改變。

祝福各位都能在本書中經歷這樣的體驗。

合掌

枡野俊明

CONTENTS

第二章　成為「不生氣的人」43個練習

工作上的怒氣

第一章

為什麼「不生氣」這麼難？

動不動就生氣的人
和總是平心靜氣的人哪裡不一樣？

最近，你常為了哪些事發脾氣？

「我已經不支薪加班這麼努力了，還被主管當眾斥責」、「今天早上叫小孩起床，叫了好多次還是叫不起來」、「愛遲到的朋友昨天又遲到了，而且一句道歉也沒說」、「被一些同樣是媽媽的朋友說我變胖了」……

我想任何人被問到這個問題，都可以輕輕鬆鬆地舉出好幾個例子吧。

其他還有像是：因為電車誤點感到焦急；看到電視某則新聞報導後一肚子火；對店員趾高氣昂的態度感到不耐煩……幾乎可以這麼說，我們沒有一天不生氣，「生氣」實在是我們心中非常容易湧現的情緒。

為什麼這位「不速之客」這麼容易浮現心頭，擾亂我們的心神呢？

當然，其中一個讓你惱怒的原因，是這些事剛好發生在你的身邊，例如他人的言行舉止、誤點的電車、不愉快的新聞等等……但這不過是導火線，並非主因。

比如說，一定有些人即使遭遇了和你一模一樣的狀況時，依然能處之泰然，而不會像你一樣生氣。

有些人總是能保持心情愉快，有些人動不動就生氣。他們之間的差異點到底在哪裡？**差別就在平時的心情保持在何種狀態。**

請大家想像一口氣將兩端拉到緊繃的橡皮。

動不動就生氣的人，他的心理狀態就像這條緊繃的橡皮。兩端都被緊緊拉住，當然痛苦的不得了。他隨時處於精神壓力相當大的狀態，沒有留餘地，所以即使碰到一些芝麻綠豆的小事，也會立刻應聲斷裂。

相對地，總是保持平常心的人就像有韌性、伸縮自如的橡皮，遇到任何狀況都能臨機應變。

活在現代社會的我們，心靈狀態就像拉扯到極限的橡皮。找回心靈的韌性，就是不再受憤怒束縛的最大關鍵。

沒有餘裕的生活就會產生憤怒

生活於江戶時期的老祖宗，若看到我們現在的生活，他們會有什麼感想呢？

走進便利商店，二十四小時燈火通明，食品、日用品一應俱全。搭飛機或新幹線，只要坐著，就能快速抵達目的地。想和誰交流，蒐集情報，不需要親自走一趟，只要使用電腦和手機就辦得到。

老祖宗們會讚不絕口地說：「真是太棒了！」還是會覺得這一切實在太過光怪陸離，嚇得不知所措……。

技術進步和工業發達帶給我們莫大的方便。

但是如同「高壓社會」和「高速社會」這些詞語所象徵的意義，我們無法否定這些進步的確會帶來負面影響。

在這樣的社會中，每個人都欲求不滿，而且必須承受相當大的精神壓力才能存活下去。

假使不火力全開地衝刺，就會被其他人遠遠甩在後頭。

就物質層面來說，現在的環境確實比江戶時代進步並且便利許多，但我們在身心的負荷也比以前大得多。

從早到晚已經被工作、家事壓得喘不過氣來，其間還要檢查電子信箱和網站，到了周末還要陪伴家人或自我進修。明明已經做到眼睛乾澀、肩膀僵硬，眼前待處理的事項依然堆積如山，回過神來卻發現時間已悄悄溜走。

大家處理事情的速度越來越快，每天像過著走鋼索的日子，我想很多人都有類似的體驗吧。

而且過慣了被追趕的生活之後，我們變得不擅長等待。比方說收到郵件時，就會急著趕快回信，擔心被別人覺得自己怠惰；在車站爭先恐後、你推我擠地穿過驗票口；若收銀機排隊的隊伍遲遲不前進就會怒火中燒，抱怨收銀員的動作慢。若每天的生活沒有留一點時間的餘裕給自己，我們很容易連心靈的餘裕也失去。

請各位先停下腳步，留給自己一點喘息的時間吧。哪怕只有一點點也好，讓我們先從這件事開始做起。

喜歡與人交際應酬
不保持忙碌就感到焦慮的人

如前篇文章所說，有些人每天過著被時間追趕的生活，弄得自己筋疲力竭，但也有人誤以為每天忙碌地生活就是走在時代尖端的最佳證明。

這些人的行程表總是被聚會、聯誼、進修、讀書會等預定行程塞得滿滿的，手機的通訊簿中新增了幾百人的資料，並會在ＳＮＳ（Social Networking Service 社會服務性網路）上積極地和未曾謀面的人交流。

這些人總是把「我好忙」掛在嘴邊，我們可能會常聽到他們說：「對方無論如何都希望我要出席，雖然我很忙，也只好撥空參加」、「我這個月已經參加三場婚禮了，真忙啊」……

他們大概以為忙碌的生活就等於充實的人生吧。

這樣的人通常會忘記自己應盡的本分，表面上看起來很忙，其實並沒有那麼忙。他們若沒把行程表塞得滿滿的，就覺得遭到遺棄。換個角度想，或許他們的行程排得越滿，越顯示他們心中焦慮的程度有多大。

他們可能認為，和越多人交際應酬，行程排得越滿，就表示自己越受歡迎，甚至還因此沾沾自喜。但是試問，在那些交際應酬的對象中，有幾個人可以讓他們在深夜打電話拜託事情？就算真的有拓展人脈的需求，但試問在這麼多的交際應酬中，交情可以好到值得他們信賴的人又有幾個呢？我相信一定出乎意料的少。

其實，**拓展過多不必要的人際關係，也是時常動怒的原因之一**。

若把執行行程表上的項目當作目的，只要事情沒有照著預定走，內心就會產生巨大的壓力。

這樣的人只要預定計畫稍微被打亂，就會神經緊張，對人亂發脾氣，或是為了趕時間走路橫衝直撞，不小心與人相撞時又忍不住破口大罵……。

這些怒氣原本不存在，都是無中生有拿石頭砸自己的腳，還有比這更愚蠢的事情嗎？

其實人生只要有一兩個能讓我們敞開心扉促膝長談的知己，就已十分足夠了。

「思考」讓人發怒

我們設想一個問題，當別人的無心之言聽在你耳裡卻是侮辱時，你會當場向對方發火嗎？還是強忍下來，自己慢慢處理？

面對突如其來的憤怒，我們的處理方式會根據每個人的性格與當時的狀況而有所不同。不管事後怎麼處理，怒氣一旦產生，沒那麼容易消去，一定會頑強地殘存好一段時間。

假使在受氣當下，立刻把怒氣發洩出來，不只會讓你和對方的關係惡化，還會被人貼上「原來你是這麼容易生氣的人」等負面標籤。再者，就算你發完脾氣，心情也不會因此變得爽快。而且，即使當下強忍下來，逼自己保持冷靜，難保事後不會覺得心有不甘。

這本書除了教大家如何化解憤怒，同時也會教大家不生氣的方法。杜絕生氣的原因，是塑造「不生氣的自己」一個非常重要的關鍵點。

為什麼我們會生氣？前面提過，沒有餘裕的生活和過多不必要的人際關係是引發怒氣的原因。但還有一些其他令人意想不到的行為也是生氣的誘因。

憤怒會從「思考」產生。

一般來說，我們會以為生氣是一種條件反射，和動物受到攻擊時立刻反擊一樣，事實並非如此。

動物對敵人的反擊是一種本能反應。動物不會為了洩憤、給對方好看，或是證明自己是對的而去攻擊其他動物。

但人類就不一樣了。我們的身體接收到外來的行為和話語後，會傳遞到腦袋。也就是俗稱的「惱怒」（註：「頭に来る」。日文「生氣」的慣用語，就字面的意思是「到頭腦來」）。

「我一定要想辦法駁倒他」「我一定要讓他好看」……當我們惱羞成怒的時候，就會在心裡產生這些想法。

思考本身並不是壞事，反而是上天賜予人類的寶物。但使用這個寶物來傷害別人或自己則是非常愚昧的事。那麼，該怎麼做才能不讓心中萌發生氣的念頭呢？請各位照本書的方法練習就能學會。

先從察覺「心靈代謝症候群」做起

佛教認為，每個人都有「佛性」。

所謂的佛性，是指和佛同等尊貴的性質。世人的內心皆和開悟後的佛陀一樣擁有美妙的光輝。

但我們環顧四周，不禁讓人心想：「大家的佛性光輝好像越來越黯淡了。」

比如說，成天抱怨的人、不顧他人感受，不識相的人、惡意傷害對方卻洋洋自得的人。

當然，這些人的內心也擁有佛性光輝，只是被覆蓋在厚實的煩惱贅肉之下，不管是本人，或周遭的人都沒有發現它的存在。

我稱這樣的狀態為「心靈代謝症候群」。

蒙蔽佛性的煩惱贅肉，會隨著每天的忙碌與壓力逐漸增厚。即使你非常希望內心獲得平靜，但由於工作和人際關係的壓力不斷累積，使得負面情緒在不知不覺中覆蓋了你的心靈。

首先我們必須察覺一件事，佛性就藏於煩惱之下。所以，只要減去贅肉，就能看見佛性。

覆蓋在身體的肥厚脂肪必須靠著改變日常飲食、運動、生活習慣才能慢慢恢復原本健壯的身體。

有些人會嘆息說：「可是我的心靈代謝症候群大概已經是重症了。」

即使如此，也請不要灰心。

有句禪語說，「泥多佛大」。

泥就是材料，意思是材料越多，就能建造越大尊的佛像。

只要是人，都有煩惱，也難免會犯錯。

但是，當你接觸到佛陀的教誨，萌生想要活得光明磊落的念頭時，再多的煩惱也不能阻止你從中開闢出一條康莊大道。

煩惱越多，學習越多。

日本人特有的細膩感受性正逐漸消失

日本人的協調性與注重禮儀的程度可說是世界數一數二。但除此之外，我認為我們還有一種國民性舉世無雙。

那就是日本人特有的細膩感受性。在日本獨特的文化和藝術之中所綻放的美感和品味，其精煉細緻的程度足以讓世界瞠目結舌。例如日本的傳統工藝藍染。單單一個藍染就有分藍色、淺蔥色、甕覗、縹色等十幾種顏色。我們的老祖先擁有豐富的感受性，可以分辨、製造這麼多種藍色，並替它們命名。

但是，現代生活異常忙碌，讓人不禁覺得這份感受性正不斷地流失中。現代人每天受煩躁、暴怒等情緒擺弄，我認為重新找回這份感受性或許是一帖心靈良方。我感覺日本人失去特有的細膩品味與易怒的人數攀升，這兩者之間有很大的關聯性。

此外，由於活在現代社會，我們能使用各種工具使生活變得更加便利，但相對地，過去培養出來的能力也正一點一滴地衰退。例如手機普及之後，很多人再也背不出家人的電話號碼。或是太過依靠衛星導航，即使常去的地方若是沒了導航也到不了。

前幾天我造訪某個地方時，發生了這麼一件事。

當地的人看見天空突然出現一片烏雲時告訴我：「那座山上積了那麼多雲，就快下雨囉。」一旁年輕的工作人員手持智慧型手機說：「不用擔心，天氣預報說今天晴天。」但大約數十分鐘後，忽然下起滂沱大雨。

或許日本人自古以來就善於觀察並品味四季的變化，才造就出日本人特有的細膩感受性，並培養出與大自然共存的智慧與能力吧。

這種感受性與智慧和日本人善於替對方著想的習慣，與互相讓步找出和諧共生的生活方式息息相關。說不定找回日本人原有的生活方式，就能滋潤現代人冷漠的心靈。現在是不是該讓我們一起重新省視這老祖宗傳承下來，但我們卻視而不見的珍貴財產？

在看不見未來的時代中
對我們有益的禪法

是生是死？那些上戰場戰鬥，時常必須和生死打交道的戰國武將之中，許多人會向禪學尋求心靈歸宿。最有名的就是武田信玄和上杉謙信，其他還包括北条家、足利家的武士等。很多武士剃度出家，一邊學習佛陀的教誨，一邊堅強地度過戰亂時代。

有些人覺得不可思議，佛教明明禁止殺生，卻有這麼多武將學習禪學，這不是相互矛盾嗎？但是，在那人人自危的時代中，他們日夜與死相伴，並且有義務奉獻性命保護眾多家臣與領地裡的人民。

若做錯一個決斷，丟了自己的命事小，還可能葬送成百上千條的性命。在面對這種緊繃的局面，他們能依靠的人只有自己。引導他們度過如此艱難的狀況的，正是禪學的教誨。

同樣生於亂世，活躍於幕末到明治時代的勝海舟（1823-1899。武士、政治家。與山岡鐵舟、高橋泥舟合稱「幕末三舟」）和山岡鐵舟（1836-1888。政治家、思想家，精通劍、禪、書道）等許多歷史上的名人也都曾學習禪法，把打坐當作心靈的支柱。

以禪宗的觀點來看，我們認為任何人藉由打坐與日常的修行，就可以脫離一切束縛，邁向自由的境界。我相信這些名人他們也是跟各自的禪師學習禪法，學習到自律以及反省自己的生活方式。

說到這裡，我有時不禁覺得，現代人的生活彷彿面臨了與戰國時代相同的艱難處境。

我們曾認為只要努力工作，退休後將有安泰的第二段人生等著我們。我們以為只要買電子產品、買房子、買車子，一點一點地將想要的東西弄到手，就能每天過著幸福、心靈豐富的生活。我們以為只要行駛在社會為我們鋪好的軌道上認真地過生活，就能求得安穩無憂的日子。但那樣的時代已經一去不復返了。

什麼事是你的核心價值？你活下去的目標為何？在看不見未來的狀況中，每個人每天都必須打仗似地搏命奮鬥。這種搏命似的生存方式會使我們的心靈產生扭曲，例如憤怒與焦躁。這種心靈狀態與生於動盪時代的歷史人物非常相似，不是嗎？

在看不見未來的時代，若想要從中找出一條康莊大道，我們可以學習禪。為了使各位能維持平穩的心靈走在人生的道路上，懇請大家從下一章開始，學習禪宗的智慧。

第二章

成為「不生氣的人」43 個練習

不生氣的「心」之1

摘下心靈的有色眼鏡

你現在正戴著什麼樣的眼鏡看你四周的環境呢？

我說的不是矯正視力的眼鏡，而是戴在你心靈上的眼鏡。

當我們看周遭的人，常常不是看他們「原本的面貌」。我們容易只看別人的其中一面，就擅自斷定「這人應該如何如何」。就像戴上太陽眼鏡會使四周景色變暗一樣，各種偏見和臆測也會如「有色眼鏡」一樣，蒙蔽我們的心靈之眼。

某次，一位朋友跟我說，他原本很討厭一個藝人，但實際和他見面、共事之後才發現他是一個很好相處的人，印象大為改變。

你現在是不是也討厭某個人，否定他的行動，看他做什麼事都不順眼，坐立難安？

同一件事，別人做的話你會欣然接受，但要是你討厭的人來做，你會覺得「裝老實，真討厭」？假使有這種狀況，那你就要小心了，或許你正帶著顏色相當深的有色眼鏡。

佛教認為任何人都擁有如明鏡般一塵不染的心靈，也就是「佛性」。換個講法，佛性就是「最純粹的自我」。簡單地說，佛性就像一面鏡子，能映照出大宇宙真理的真實樣貌。每個人都有體貼溫柔的一面，也有希望幫助別人的欲望。

當然，你有佛性，你討厭的人也有佛性。光是察覺眾人皆有尊貴的佛性這一點，就已經往佛陀的境界更靠近一步、成為佛性的一份子了。這種狀態就叫做「見性成佛」。

若戴著有色眼鏡，就無法發現他人的佛性。但若能**摘掉心靈的有色眼鏡，就會看見他人的本質**。還能看見你平時不曾注意到的，對方的優點和人情味。

先從察覺與了解自己戴著什麼樣的有色眼鏡開始吧，相信你終有一天可以摘掉那副眼鏡。

不生氣的「心」之2

發現手中的寶貝

「想要那個」、「討厭這個」、「想贏過別人」、「好羨慕身旁的人」……。

人只要活著，心裡很容易產生這種想法。

欲望、執著、競爭心、嫉妒……這些都是我們所說的「煩惱」。

三不五時就情緒激動、為了一點小事就與人衝突、無法集中精神工作等等……當你日常生活過得不順遂的時候，或許就是這些煩惱讓你陷入「心靈代謝症候群」。

如同我們每天要清掃灰塵一樣，煩惱也要掃除乾淨，否則有天會發現自己無法自由行動，甚至動彈不得。

有一句禪語說「明珠在掌」。

意指不用向遠處探尋，寶貝（佛性）早已在你掌中。

有人會說：「不，我不具備任何一丁點佛性。」這是錯誤的，這世界上每個人都有佛性。

差別只在於你願不願意找出心中那閃閃發亮的寶貝，也就是佛性。

但是，佛性必須靠自己琢磨才會閃閃發光。

這件寶貝每個人都有，放著不琢磨它，也只是空藏美玉，實在是暴殄天物。

日本曹洞宗的開山祖師道元禪師曾說：「琢磨成玉。」

任何一顆石頭只要好好琢磨都能變成一塊玉。換言之，不管你的佛性覆蓋了多麼厚的一層煩惱，只要好好琢磨它，必能綻放光輝。

假使你把時間花在對他人言行舉止指指點點，嫉妒競爭對手出人頭地，你就沒時間琢磨你手中的寶貝。此外，執著於與自己身分、能力不及的東西，或者在腦中模擬尚未發生的事並因此煩惱不已，這些事也會減弱你的佛性光輝。

同樣的時間，你打算怎麼度過？

用來受煩惱折騰擺弄？還是用來琢磨自己的心靈？

不生氣的「心」之3

放任自流

去年夏末，我在出差歸途中的新幹線上，由於颱風被困在途中，在車內等了好幾個小時。

即使等到了原本應該抵達新橫濱的時間，車子仍完全沒有發動。

「到底還要等到什麼時候？」

終於有一位乘客忍不住對列車長大聲抱怨。

我能理解他想早點回家的心情，但新幹線就是動不了有什麼辦法？

這並不像是工作業績這種靠自己的力量就能解決的問題。並不是任何事情只要努力克服缺點，努力付出就會有結果。但這不就是人生？我們總會遇到一些事情是再怎麼努力，再怎麼祈禱，依然無能為力。

例如自己或家人生病、受傷，遭逢事故。這些事情並非人為力量所能掌控。特別在大自然面前，我們人類根本毫無招架之力。我建議，**在面對一己之力無法處理的狀況時，只要品嘗其滋味即可**。任何經驗都是獨一無二的，只有在當下、當場的自己能體驗得到。

遇到這種狀況，即使你生悶氣地想「運氣真不好，搭到這班新幹線」也無濟於事。既然新幹線停駛，不如好好利用這段意外得來的時間來工作、念書，或者思考一些平時沒空思考的事情，將心念轉負為正。

放任自流，體會生命的機緣，用禪語來說這就叫做「任運自在」。將自己寄託於趨勢中，悠然度日。

我們不僅無法掌控大自然的運作，在與人相處的過程中也無法事事順心如意。比如說，遇到討厭的人，或被人踩到自己的地雷時都會忍不住大動肝火。又或者對方的回應和評論不如自己預想時，也會想要反駁、辯倒對方。但是，他人也有立場與想法，應予尊重。

討厭的事、令人生氣的事、不可預期的意外……不管發生什麼事，請記得任運自在這句禪語，讓我們瀟灑地走完這趟人生吧。

不生氣的「心」之4

怒氣湧現時，先置之不理

把一顆小石頭投進清澈無波的湖面，湖面會咚地激起漣漪並迅速擴散。當你伸手想消除漣漪時，又會產生新的漣漪。漣漪不斷擴散，最後擴散範圍之大，超乎想像。

那麼，想要消除漣漪的話，應該怎麼做才好？

答案很簡單。只要置之不理，漣漪自然會慢慢消失，逐漸恢復成原來的寧靜湖面。

心靈也會因為煩躁和生氣起漣漪，而且作用和投石入湖一樣。當你心裡越想著「千萬不能生氣」、「我要忘掉它」，心裡的漣漪就擴散得越多越大。越是執著於不去想它，反而越容易胡思亂想。

當你發現「啊！我在生氣」、「我太激動了」的時候，先用丹田（約在肚臍下方兩吋五分，也就是七點五公分的位置）做一個大大的深呼吸。之後，不需壓抑感情，順其自然就好。

但所謂順其自然，不是要大家把怒氣發洩在旁人身上。

那該做什麼呢？集中精神做眼前該做的事即可。

每個人都有自己的事要做，可能是家事或工作。當然，用功學習或志工活動也很好。要不然整理房間，或是處理之前延宕的雜務。又或者去赴一個重要的約，或盡情地玩樂也好。

假使真的想不出要做什麼事時，那就靜下心來，悠悠哉哉地喝一杯茶也可以。

重要的是，要找一些無所求，不為利益的事來做。

心無旁騖地專注做好眼前的事情就對了。

活動手腳與身體之後，你會發現原本激起漣漪的心靈，正逐漸恢復澄澈平靜。

不生氣的「心」之5

別人是別人，自己是自己

「你的說話方式完全不得要領」、「難道你就不能早點開工嗎」。不管是誰，聽到別人這麼對自己說話，一定都會覺得受辱，很難平心靜氣地下來吧。搞不好還想回罵：「別小看人了！」

但是，對方真的有侮辱你的意思嗎？

就像同樣一片景色，站在不同位置看起來感受皆不同一般，每個人因為立場不同，看事情的角度也會不同。或許對方自以為比你厲害，所以說出這句話。或許他用這種攻擊性的字眼，只是為了掩蓋自己的沒自信。

對方會提出這樣的意見，有他的「理由」。**聽到自己不想接受的評論時，當作耳邊風就好。**

當然，假使對方的言論有值得學習之處，就應該虛心接受，讓自己更加成長。

別人是別人，自己是自己，若太在意別人的眼光，對別人的評論感到坐立難安，無形中就失去了原本能拿來充實人生的時間。反過來想，假使我們也和對方一樣，看不起別人，批評別人，不就成了「一丘之貉」？

大家聽過「山是山，水是水」這句禪語嗎？

意思是，山就好好當一座山，水就好好當一片水，做好各自的本分。

山不曾對水說「變成山」，反之亦然，它們各自以原本的面貌和諧地存在於大自然中。

人類社會也是一樣。A先生無法變成B先生，B先生也無法成為A先生。若想要強加自己的價值觀於他人身上，反而會破壞雙方的和諧。

我們應該做好各自的本分，努力不懈地活下去。這麼一來，不管是自己或對方，都能以最自然的狀態走完人生。

不生氣的「心」之6

不要認為自己什麼事都是對的

我們很容易以為「自己是對的」。

但真是如此？

有兩位和尚看到一面幡被風吹動，起了爭論。其中一人說：「是風動，不是幡動。」另一人說：「不，是幡動，不是風動。」誰也不讓誰。

碰巧一位師父經過，他只說了一句話便離開。

「不是幡動也不是風動，是你們的心動。」兩人啞口無言地目送師父離開。

自己才是對的。你是不是也有這種想法？

當你和對手爭論，高聲主張自己的正確性時，是否已陷入了「我見」的泥淖？你是否曾高舉著自己的意見、立場、價值觀來責備對方？

在佛教當中，最重要的教誨之一就是「慈悲」。

也就是憐愛、疼惜別人的心。

即使錯在對方，一味地指責並不能解決任何問題。就像北風吹得越強勁，旅人大衣領子拉得越緊一樣，低頭卻不認輸。

對方和自己並不是互相對立，而是一體，以禪的觀點來說，就是「不二」。並不是分成「你」和「我」，「你是我，我是你」。

若能這麼想，你就會發現這時候再去爭誰贏誰輸已經沒有意義了。這個觀點似乎和上一篇有些許矛盾，但這也是禪的智慧之一。

「應離我見」。

意思是捨棄自己的立場，站在對方的立場想，打開耳朵傾聽對方的意見。

請大家下定決心，脫離我見，我相信你一定可以建構出更輕鬆愉快的人際關係。

不生氣的「心」之7

專注於眼前的事物

開車的時候，當你一心想早點到達目的地時，一定是緊握方向盤，眼睛直視前方，毫不猶豫地踩油門對吧。當你心無旁鶩地全速前進，應該可以比任何人都早到達目的地。

這麼一來，你不僅可以獲得周遭的人極高的評價，還能享受到鶴立雞群的快感。

過去的日本，非常讚揚這種透過努力打拚去取得成果的精神。這種精神造就日本成為經濟大國，也因此我們才能享受到世界數一數二豐饒的物質生活。

但若說到心靈層面的豐饒程度，就現狀來說，實在令人擔憂。

不管在職場，或在電車、公車中，甚至是在路上，我感覺人與人之間的情感越來越冷漠，而且這個氛圍正逐漸蔓延開來。

每個人都急著朝著某個目標或成果邁進，搞得身不由己。這種氛圍真的和過去有著天差地別。

朝著目標筆直前進，毫不在意他人目光，這也是一種令人尊敬的生活態度，這沒有錯。

但是禪宗教導我們另一種生活態度。那就是一邊確認自己腳邊的狀況，一邊一步步前進。

有句禪語說「常行一直心」。

意指用最直率的心，最清明的心，專心做好眼前的事情。

不管周遭發生什麼事情，或被誰超越，都必須不受影響地專注在自己的事情上。如此一來，**你就會產生難以撼動的自信心，並造就出不為所動的自己**。有了自信心，就不會受他人或世間的蠱惑，堅定地走在自己的道路上。

當擁有了這份堅定的信心，下次走在路上，感受就不同了，你會自然而然留心注意開在路邊的花朵有多麼可愛，聽聽樹梢的鳥鳴有多麼美妙，感受大自然在每一個當下所呈現的奧妙，並和路人產生相互扶持的感覺。

有時候停下腳步，確認自己所在的地方後再邁開腳步前進，這種生活態度也別有一番風味，不是嗎？

不生氣的「心」之8

怒從中來時，先深呼吸一口氣

大家都知道，生氣是最難掌控的情緒。

每個人理智上都知道，「生氣不好，不要生氣」。但一旦被觸怒，火氣升上來時，情緒會變得激動，嗓門也不自覺大聲起來，然後痛恨自己為什麼就是克制不住憤怒，變得越來越厭惡自己。

事後反省：「為什麼我要為了那點小事生氣？」覺得後悔，但火氣上來的那一瞬間，卻是束手無策。

想要不受憤怒控制，必須下工夫練習當場平息怒氣的方法。

其實很簡單，當你遇到不愉快的事情，或讓你一肚子火的事情時，開口說話前先深呼吸一口氣。

太淺的呼吸沒有效果，必須緩緩吸氣，用丹田深深吸一口氣。這段「踩剎車」的時間非常重要。

有些讀者或許覺得：「有這麼簡單就好了。」

但我尊敬的大本山總持寺前住持，板橋興宗禪師就是用這個方法消氣。據我所知，他從未發過脾氣。我問他怎麼辦到的，他告訴我，每次怒從中來的時候，就趕緊用肚子深呼吸，然後心中唸三次：「謝謝你、謝謝你、謝謝你。」

當你嘴裡唸著感恩的話語，原本想回嘴的話也就吞進肚子裡了。當然，你也可以把「謝謝你」改成「冷靜一下」、「沒事」、「忍耐」……要複誦什麼詞句都可，**重點是要用肚子呼吸，不要讓怒氣「沖昏了頭」**。

話一旦說出口，再也無法收回。即使你事後再怎麼補救：「不好意思，剛才當我沒說過！」人與人之間的信賴關係與人際關係一旦遭到破壞，想要重新修復可沒那麼容易。

怒從中來時能否及時「踩剎車」，就是能否控制住憤怒的關鍵。

不生氣的「心」之9

別一直想當「乖寶寶」

只要稍微忍耐一下不便，就能被別人說自己是「好人」。不要特立獨行，就能和大家好好相處。大家是不是有過這樣的想法呢？

又或者愛逞強，怕被別人比下去，所以故意表現出很厲害的樣子，以為要別人知道自己「很厲害」才能出人頭地。大家是不是有過這種一廂情願的想法呢？

其實這些忍耐或逞強都會給你帶來很大的精神壓力。

因為你扮演的不是原本的自己，而是「裝腔作勢的自己」。當「裝腔作勢的自己」受到別人認可，你就必須時常扮演這樣的角色。一直戴著面具過生活，扮演別人的人，心裡當然會覺得苦悶。

平時戴這個面具或許可以保護你，但當你人生過得不如意時，它就會產生弊病。

你可能會想：「我明明這麼努力了！」「我已經忍耐那麼多了，還要我怎麼樣！」

接著，壓抑已久的情緒就會化為憤怒爆發出來。

每個人的出生地不同，接受不同教育方式長大，擁有不同價值觀，彼此之間會有摩擦和糾紛是理所當然。再者，假設一般人都是戴著有色眼鏡評斷別人，聽到不中意的評價也是十之八九。

既然怎麼做都會遇到不如意的事，不如試著把苦悶的面具摘掉如何？我想一定會活得更輕鬆一點。不需再忍耐，不需再逞強，不需再壓抑自己，讓原本的自己獲得重生。

請大家把這句禪語記起來，「隨所快活」。

不管在任何場合，不要沮喪、不要逞強、不要緊張，照自己原本的模樣生活。

這就是禪的生活態度。

任何時候，做最真誠的自己就好。看待別人也是，不去管他的頭銜或立場，看見他最原本的面貌就好。不要高估，也不要低估。

若能察覺這個道理，你就能舒舒服服做自己。

不生氣的「心」之10

不要成為受害者

在什麼情況下，你會感到生氣和焦躁？

譬如，上司和同事對你說了不好聽的話、走在路上突然被人撞到、等待收銀台結帳或銀行櫃檯的時間太久、別人對你的親切視若無睹冷淡回應的時候……

請仔細回想，在這些時候，你是不是曾覺得自己是「無辜的受害者」？

由於你認為自己是無辜的受害者，當下才會用激動的口氣回嘴，或在私底下抱怨。就算當下沒有回嘴，那份精神壓力最後也會以不同的方式發洩在他人身上。

但是你自己很清楚，這麼做並無法解決任何問題，這種回應方式只會製造更多憤怒和嫌隙。

我來說一位中國禪僧的故事。

那位禪僧在旅途中想找個地方過夜。村裡的人告訴他山上有一間古寺，他抵達山上一看，原來是間搖搖欲墜的荒廢破廟，但他仍然決定在這裡過夜。禪僧把地板的木頭拆下來，放進地爐燃燒取暖。

這時，地爐上方稀稀落落地飄下落葉。他抬頭往上看，原來屋頂破了一個洞，明月的夜光照射進屋內，灑落在他身上。

一般人遇到這種情況，大概會感嘆，多麼落魄的一晚。

但那位禪僧卻愉快地說：「連月光都來祝福我與此廟，今晚能睡於此地，幸矣。」

即使遇到一般人都會欲哭無淚的困窘狀況，只要改變心境，就能變成至高無上的幸福時光。

各位要不要試一試如此輕盈的生活態度？

只要放棄做一個「無辜的受害者」，就能辦得到。

禪教導我們，面對任何負面的狀況都能以正面態度看待。其實不難，只要改變心境就能做到。

不生氣的「心」之11

做自己人生的主角

大概很少人知道電影或戲劇使用的「主人公」一詞是源自於禪語吧。

它的意思是以自主和自我負責的態度度過自己的人生。我們平常會說「做自己人生的主角（主人公）」，但這和禪語「主人公」的意思有些微差異。

禪所說的主人公是指人心中的佛性，也就是最原本的自己。每個人心中都有純淨的佛性，那就是自己最原本的面貌。

只要能以自己最原本的面貌生活，就沒有恐懼。

遇到任何事，都可以泰然自若。即使遇到攻擊你、批判你的人，也可以悠然自得。即使意外捲入紛爭，也能當作「一次寶貴的經驗」，以正面的態度接受，不會為了小事勃然大怒，把怒氣發洩在別人身上。

為什麼可以做到這點？因為你知道任何事物都無法侵犯尊貴的自己。

但我們通常很難發現自己才是人生的主人公。我們會和他人比較，會嫉妒他人。不會意識到自己擁有的東西，只會一直期盼著自己沒有的東西，因此而悶悶不樂……漸漸地，無法控制自己的情緒，這都是因為我們把別人當作自己人生的「主人公」，而非我自己。

請大家試著把「像我這種程度……」這種看輕自己的態度，以及「我一定要贏過別人」的執著放下。

一旦放下，立即就成為自己的主人公。

還記得小時候每天玩到沒日沒夜，忘記時間的感覺嗎？還記得廢寢忘食做自己喜歡的事情時的感覺嗎？

那個時候，你曾經因為看輕自己或和別人比較而感到洩氣或悶悶不樂嗎？應該沒有吧，因為當時的你就是自己人生的主人公。

趁著尚未迷失自己之前，試著回想兒時的專注時光吧。

不生氣的「心」之12

無所求

釋迦牟尼佛在即將圓寂前的某次現身說法中，講述了「知足」的道理。

知足，就是對目前擁有的東西感到滿足並心中充滿感謝。

作為三毒之一的欲望，永遠無法被滿足。物質是最顯而易見的，除此之外還包括人際關係、工作業績、充實的私生活、甚至是自己的年紀、容貌等等……每一個部分我們都「想要更多」、「想要更好」。

不僅如此，這份欲望還會擴散到身邊的人，希望他們也能變得「更好」，例說「希望合夥人可以替我多賺一些錢」、「希望小孩的成績能更好」、「希望下屬能更有能力」、「希望主管能更體諒我」等等，似乎永遠對現狀不滿足。

有上進心以及對他人有期待並不是件壞事。

只是，大家要知道，欲望久了會變成執著，執著又會產生更深的執著，最後折磨自己，讓自己痛苦。

當我們有想要的東西卻得不到時，心裡會覺得煩躁、焦急。就算暫時得到了，心裡又會冒出下一個「想要的東西」，讓自己心神不寧。

尤其人際關係中的欲望和執著，特別容易引起憤怒。因為我們心裡老想控制他人，當他人不照著自己的意思行動時，心中一把火立刻升上來。

我們現在所擁有的東西、待在身邊的人、身處的狀況，全都是靠著非常難得的緣分串聯在一起。

當然，身為人，要做到完全沒有欲望是不可能的，但重要的是，必須知道自己的斤兩，並且不受欲望支配。

「謝謝你，已經很足夠了。」

當你能在心裡這麼說的時候，你的心就會安定下來，每天過著既滿足又充實的日子。

不生氣的「心」之13

坐而言不如起而行

整理房間、整理文件、減重、回覆堆積如山的信件……

心裡想著「這個該做、那個該做」，但卻一直遲遲沒有動手，身邊似乎不少人都有這個毛病。

就算心中的「幹勁」有多麼強烈，只要沒有實際起身行動，房間並不會自動整理乾淨，贅肉也不會自動不見。

這和想要變成「不生氣的自己」是一樣的道理。

就算懂得再多心理運作的模式，或是不生氣的方法、思考方式、生活態度，若沒有一一實踐，當脾氣一上來，語氣仍會不自覺變得粗魯，如此一來知道再多知識也沒有意義。

禪宗教導我們，行動和實踐代表一切。

如同水由上往下流一樣，人這種生物很特別，做事情時倘若沒有意識到自己的行為，很容易朝著輕鬆的方向去做。結果就是時間悄悄流逝，最後覺得「算了啦」，乾脆選擇放棄。於是，想改變的事情永遠也不會改變。

當到了晚年回顧一生時，若心裡想的是：「我就以這種方式活在世上真的好嗎？」已經後悔莫及，因為時光無法倒流。

藉由實際行動磨練佛性，使自己更接近佛，這就是禪的生活態度。

當理論和實踐一致時，我們稱作「行解相應」。每一個瞬間都應走在自己相信的道路上，並且認真投入，如此一來自然能開拓出人生的康莊大道。

人的一生都會碰到壞事或不如意之事。有高峰、有低谷、無法隨心所欲，這才是真實的人生樣貌。

只要正面看待那些不好的事，朝好的方向改變即可。但該怎麼做呢？我建議不要再想「明天再做」或「下次再做」，而是下定決心，現在立刻改變（去做）。

面對過去總會大發脾氣的狀況，如今變得不會生氣之後，你一定會覺得自己「成長」了。

有什麼方法能讓這種狀況持續發生？

一個人是否能真正改變的關鍵，就在這裡。

不生氣的「心」之14

不著急，耐心等

我們的祖先是農耕民族，生活方式就是努力耕種，然後採收大地賜予的果實。他們拿鋤頭翻土、播種，仔細觀察作物成長的樣貌，灌溉，剪修，除草。像這樣費時費力地花了幾個月，甚至一年的時間栽種作物，最後才能領受大自然的恩澤。特別是我們的主食稻米，聽說從開始耕作到收成需要六十四個步驟，可見耗費的時間和勞力有多大。

繼承農耕民族血脈的我們，原本就擅長觀察事物，擅長默默做事，等待時機成熟。但現在越來越多人已經失去這樣的特質了，一旦事情若不照原本的計畫進行，第一個反應是焦躁，然後急著想看到成果，否則覺得坐立難安。

特別是養育小孩或培育下屬時，常會引發這種焦慮。

每個人的成長和變化的時機都不同，因此在培育一個人之前，應該要懂得分辨個人的資質與特性。

若將注意力都擺在事情進展不順遂這件事上面，無法分辨出對方的狀態，然後開始產生焦躁，但焦躁完全無濟於事。當然，這種情況也會發生在自我追求上。除此之外，我們也常看到某些人，一旦在人際關係上發生糾紛，被人誤解的時候，**急著想解決問題，操之過急，最後反而引起更多麻煩。**

溝通不順利的時候，不要勉強處理，等待也是一個很好的解決方法。

雛鳥在蛋中準備好要面對外在環境時，會在內側用鳥喙啄殼。母鳥聽見這道微弱的聲響時，就會從外側把殼啄破。

雛鳥從內側敲殼的聲音稱作「啐」，母鳥從外側敲殼的聲音稱作「啄」。

「啐啄同時」。只有當兩者時機配合得恰到好處，事物才會產生變化，蛻變出一番新氣象。

不生氣的「心」之15

先從自己做起

道元禪師渡宋時曾經遇到一位典座和尚（負責伙房的和尚），帶給當時年紀尚輕的他很大的影響。

在盛夏時分，禪師在庭院中遇見了一位典座和尚正在曬香菇。仔細一看，對方是一位老和尚，彎著腰駝著背。這位年老的典座在酷暑中沒戴斗笠，拄著拐杖，汗流浹背地工作。

禪師擔心地問道：「如何不使行者代勞？」

典座疾言厲色地說：「他不是吾。」

典座的意思是「別人不是自己，別人來做就不算自己的修行。」禪師頓時豁然開朗。

自己的修行只能自己來。一樣的道理，只有你能改變自己。

所以像是「近期應該會出現貴人幫我吧」、「等周遭的環境改變後，壓力可能就會小一點了吧」等等不切實際的期待，應該趕緊拋棄。

即使有一天真讓你遇見一位有能力的指導者，不僅傾囊相授，還親自指導你，但假使你依舊抱著依賴他人的心態，將永遠找不到自己的路。

而且，就算你因為人事異動和搬家有機會換個新環境，脫離原本讓你頭痛的人際關係，但若自己還是沒有改變，同樣的狀況依然會再度發生。

在禪宗中，雜務被視為「人之所以為人的基本行為」，禪僧從不把打掃、煮飯、整理庭院視為「應盡的義務」。再麻煩的事情，只要用心去做，必能從中感覺到清爽舒暢，努力的程度都會回報在工作的成果上。這時候，你就會感覺到自己的成長。

能改變自己的人只有自己。禪僧對於這點有非常深刻的體會。

不生氣的「心」之16

不要求完美

人只要活著，就不可能一切事情順心如意，完全沒有煩惱或壓力。而且，這世上不存在沒有任何缺點、完美的人，沒有人可以永遠不犯錯。

但是，我們做任何事情時，總是追求完美。

比如說，期望自己變得更好而努力，或是努力廣結善緣。其實這些都是好事，但若努力去做這些事，最後卻沒有得到期望的結果時，容易變得垂頭喪氣。

「我果然是個失敗者。」

「都是對方不改變，才會讓我痛苦這麼久。」

像這樣，不是輕視自己，就是責備對方。

人本來就是不完美的生物，而且每天都活在不如意之事層出不窮的現實生活中。

我們能做的，就是接受現在的樣子，然後放寬心，往前走。

這時候要記得一件事，不要對結果有執著心。

因為在人生中，有成果的情況遠比沒有成果的情況來得少。

當然，努力做事情的態度很重要，比如說下定決心告訴自己：「我一定要做出成果。」也唯有這種態度，才能達成令人讚嘆的成果。即使如此，想要達到目標，必須要花費很多時間，並且歷經各種考驗，若努力到中途便覺得「好累喔，不想做了」而放棄的話，那麼永遠也改變不了現況。

水流經之處，日久就會變成渠道。即使一開始只是一條細窄的渠道，只要水流不斷，渠道就會漸寬，最後變成一條水量豐沛的水路。

有句禪語叫「水到渠成」就是說明這個真理。

若因為不完美而中途放棄，那就像好不容易開出渠道，卻放任讓水乾涸一樣。想要迎接蛻變的那一刻，**最好的態度是不拘泥成果，心無旁騖地持續努力。**

不生氣的「身體」之1

用肚子緩緩深呼吸

大家是否曾有過這種經驗，看到家人某些你早就習以為常的壞習慣，或聽到朋友一句無心之言，卻忍不住大動肝火：「欸，不要再抖腳了好嗎？」、「喂，你說這話什麼意思？」用強硬的口氣質問對方，讓對方嚇一大跳。

同樣一件事，會根據我們當時的狀態而做出完全不同的反應。一件原本能大而化之接受的事情，卻在某些時候做出情緒性的反應，其根本原因在於心思迷亂。

只要精神狀態在當下已經被逼入絕境，心情焦躁不安，就會在無意識中以憤怒方式把情緒發洩出來。請大家試著觀察那時候自己的呼吸，應該是相當急促而短淺的吧。

其實心情和呼吸之間關係密切。

請試著用腹部緩緩深呼吸，重複五到六次。是不是覺得心情平靜許多？而且能感受到周遭許多平常忽略的聲音和風景？

假設你有這種感覺，代表心裡的雜音消失了，心情已沉靜下來。

呼吸擁有神奇的力量，可以直接對心情產生作用，安定情緒。

例如，在進行重要的簡報或會議之前、在結婚典禮上發表演說之前，發表者通常因為緊張，呼吸變得又短又淺。碰到這種情況，我們通常會建議對方「別緊張，深呼吸」，因為它確實能達到很好的效果。

同樣的深呼吸，用胸式呼吸法，做再多次都沒用。最重要的是要集中意識於丹田，做又深又長的呼吸。

這種呼吸法是禪宗最重要的修行打坐之中的基本功，也就是丹田呼吸。

呼吸調整好，心情也會調整好，漸漸地就會產生不受外界影響的不動心，心情變得平靜，態度也會變得莊重。

呼吸帶給身心的影響已經獲得科學證明。有實驗數據顯示，調整呼吸後，血流速度會提高百分之二十五，相反地若呼吸紊亂會導致血管收縮，血流速度降低百分之十五。

呼吸調整好，身心都會放鬆，血管自然會擴張。血管擴張後，血流速度當然會增快。血流暢通的話，內臟的運作就會更加活躍，連帶使腦部活化，壓力自然會減輕。

經實驗證明，深呼吸可以釋放穩定精神的腦內物質血清素，以及處於放鬆狀態才會出現的大量的α波。呼吸對於心情的影響恐怕遠遠超乎我們的想像。

丹田呼吸的重點在於：吸氣之前先把氣吐光。要想像把所有壓力全部吐出去一樣，把氣吐到不能再吐為止，接著任由空氣自然吸入肺部。

一開始需要相當程度的練習。當你習慣之後，隨時隨地都能用丹田呼吸。坐電車的時候，走路的時候，心情煩躁的時候，想轉換心情的時候……當然，脾氣暴躁的時候，或怒火中燒的時候也很有效。

花幾分鐘學會這個轉換心情的小技巧，將使你一生受用不盡。

不生氣的「身體」之2

端正日常舉止

在禪的修行中，想要整頓心情必須先從端正姿勢與端正日常舉止開始。

所謂的日常舉止，就是我們平常的所作所為。禪宗中有一句話叫「行住坐臥」。端正日常舉止是非常基本的修行。當你的舉止變得端莊，心靈也會一同被修正，變得更端正。

或許有人會懷疑：真的只要改變日常舉止，就能修正我們的心靈嗎？其實，心靈和舉止有著密不可分的關係。

比如說，當你意志消沉的時候，會怎麼走路呢？應該是駝著背，頭低垂，無精打采地走路吧。相對地，當你心情好、興奮的時候，一定是抬頭挺胸，步伐輕盈，踩著輕快的腳步走路吧。

另外，當你看到有人兩腿大張，歪七扭八地坐在椅子上，眼看就要快滑下來，會覺得他是個充滿信心的人嗎？又或者當你遇到粗魯地遞零錢給你的店員，會覺得他的內心充滿幸福嗎？

行為舉止就是反映內心狀態的一面鏡子。一個人的舉止會如實地呈現他對周遭的人和工作採取什麼樣的立場，以及對人生的態度。當我們看到皺著眉頭咒罵他人的人，或臉紅脖子粗發脾氣的人，絕對不會認為他們的舉止有任何美感。

剛開始修行的雲水僧，必須徹底調整他在俗世生活的行為舉止。他們必須嚴格遵守規律，一天二十四小時什麼時間該做什麼事都分得很細。洗臉、吃飯，洗澡這些就不用說了，包括走路方法，睡覺，上廁所，全部都有規定好的步驟，並要求動作敏捷。一開始，每位雲水僧都會因為和過去生活的落差感到困惑，必須費勁花工夫去適應。但不到一個月，成果令人刮目相看，他們變得背脊直挺，動作俐落。

修練禪道到極致的高僧，光是站在我們旁邊，就能使我們的內心澄澈，感受到他的風格和氣質。必須每天鍛鍊端正自己的舉止，精進修行，才能醞釀出這種具備品德的美感。

端正姿勢，端正呼吸，心靈自然端正。這就是禪所說的「調身、調息、調心」，也就是打坐的三要素。三者合一，才算完整的打坐，才能體會無的境地。

有些人外表看起來一點也不起眼，但卻能擁有吸引他人注意的魅力。這樣的人應該從平常就在鍛鍊他的舉止、呼吸和心靈。

一個人光是調整心靈，整體來說不會有太大改變。但若從日常生活的舉止開始調整，哪怕只是多注意一下，就能輕易地感覺到變化。

我並不是要大家像一個貴婦般說話、行動。因為，總是在意別人的眼光，或在意自己在他人眼中的形象而矯揉造作，完全是本末倒置的作法。

做任何事都必須全心全意，一件件專心地去做。

光是意識到這點，平時的動作身段就會完全改變。當端莊的舉止已完全融入自身，即使面對再嘈雜紛亂的外界，內心也不會有絲毫動搖，並能冷靜地作出應對。

不生氣的「身體」之3

至少空出十分鐘散步

「我知道散步、步行對身體很好，但根本沒有時間做啊？哪來這種閒工夫？」

假設你也有這種想法的話，要不要試著改變一下呢。

眾所周知，走路能帶來許多益處。它能有效促進身體新陳代謝與血液循環，還能轉換心情，消除壓力。

不僅如此，當你暫時遠離工作和家事，輕鬆在路上漫步時，可以用身體和感官感受四季的變化，同時在心裡做內省的功夫，是非常寶貴的一段時間。

很多人覺得，每天的生活非常忙碌，總感覺時間一下子就溜走了。嘴裡說著「好忙、好忙」，然後一天就過去了。回過神來，已經過了一個禮拜、一個月、一年……然後到了年終再來感嘆「時間過得真快，又一年了」。這是因為每天的生活太過忙碌，沒有時間反省自己，重複過著一樣日子的緣故。

十分鐘也好，二十分鐘也好，請空出時間外出散散步吧。不要再嘴裡咕噥說「沒時間」，但卻在電視或電腦螢幕前放空，或者渾渾噩噩地打電玩。

請把這個時間空出來，穿上好走的鞋子走到戶外，踩在大地上，放鬆心情，調整呼吸，輕鬆地散步。即使走在每天匆匆忙忙趕往車站的那段路上，散步時走起路來應該能感受到不一樣的風景。輕撫臉頰的微風，不同時節的花草，鄰居重新整理過的庭院，新開的店……等等，應該會有不少新發現。

當你一步一步走在路上的同時，若能用心體會這些事物，原本緊繃的情緒應該能稍微獲得釋放。照自己的步調走路，逐漸重拾早在日常生活中被遺忘的從容感吧。

只管走路就對了。在這段看似平淡無奇的時間內，我相信你一定會有很豐富的收穫。

不生氣的「身體」之4

下意識地活動身體

不管是運動也好，戶外活動也好，打掃等做做家事也好，你記得最近一次盡情活動身體，汗流浹背的時候是多久以前的事了？又或者這陣子曾激烈地活動身體到心臟劇烈跳動的地步嗎？

隨著科技的進步，我們的生活越來越方便，但代價卻是失去活動身體汗流浹背後才感受得到的那種充實感。

有人說：「我沒有活著的真實感。」遇到這種人，我都建議他：「先試著活動身體看看吧。」實際活動身體，感受自己身體的鼓動和體溫，讓五感充分發揮作用，這麼一來，就算你不願意也會強烈感受到活著的真實感。

現代人的生活，若失去下意識活動身體的能力，很難有機會用身體去感受生活。

心靈和身體是連動的，身體越懶得動，心靈越混亂。或許如此，所以現在越來越多人無法揮去心中的不滿和迷惑，做任何事都陷入膠著狀態。

雲水僧的修行能讓你徹底地活動自己的身體。打掃，下田工作，煮飯洗衣，管理物品等等，只要和寺廟營運相關所有工作都稱作「作務」（雜務），這些工作被視為修行的一環，每個人都必須認真執行，絕不能認為它與打坐、讀經不同，只是單純的雜務就小看它。藉由活動身體，可以掃除煩惱，看看那些心無旁鶩從事雜務的雲水僧們的姿態，多麼令人心曠神怡。

活動身體不需要特地跑到健身房，試著重新省視過去草率應付的打掃工作，用心認真地做一遍。試著步行一個捷運站的距離，從日常生活的活動開始做起便已足夠。

除此之外，我建議平常可以少用手扶梯或電梯，多走樓梯。一開始要你走十樓以上或許有些吃力，但先爬個五樓、六樓應該沒問題吧。試著用稍快的速度一口氣爬完，到達樓上時，你應該會感受到心臟快速跳動，還流了一點汗。

這時候，你會發現原本狹窄的視野突然豁然開朗，覺得內心充實，並源源不絕地冒出新的靈感。

不生氣的「身體」之5

放聲大喊

中國的唐代流傳著這麼一則故事。

禪僧百丈懷海某次被他的師父馬祖道一大喝一聲：「喝！」之後耳鳴了三天。但懷海卻因此頓悟，脫離迷障。

耳鳴三天或許有誇大之處，但被師父這麼一喝，想必全身酥麻，受到很大的震撼。不過也多虧如此，懷海才能走出死胡同，悟得真理。

沮喪、迷惑，誰都會。「好想解決這個問題」、「想要快點放下心中的大石」，當我們心裡越著急，越容易在原地打轉。最後陷入自我厭惡：「我老是這麼沒用。」或把原因歸咎別人：「要不是那傢伙……」

在這種狀況下，即使想破頭，也想不出好的解決策略，心中的大石也不可能放下。

你可以試看看，什麼都先不去想，對自己大聲地「喝」一聲。從丹田用力發聲，這聲巨大聲響擁有強大的力量，可以瞬間一掃所有煩惱。

對著大海或大山大叫效果也很好，但現實上很難做到。

其實我們身邊就有一個地方可以讓我們盡情大喊。沒錯，就是卡拉ＯＫ包廂。在卡拉ＯＫ包廂，我們就能毫無顧忌地放聲大喊。盡情地唱自己喜歡的歌曲，發洩壓力，心情舒暢。

讀經的效果也很好。沒接觸過的人或許覺得讀經很難，其實現在各地寺廟都有專為初學者舉辦的讀經會。

剛開始，即使不懂經文的意義也沒關係，只要全神貫注從丹田發聲即可。這就是重點。專心致志，只管發出聲音，就能一掃所有煩惱。

不生氣的「身體」之6

置身於大自然之中

在陽光灑落，樹影搖曳的森林中，遠處傳來鳥鳴聲，涼爽的微風穿過樹梢……走在這種地方，讓人不由得想伸一個大大的懶腰。

置身於大自然，使我們的身心獲得解放，放下平時的壓力，身心徹底洗滌。為什麼會這樣？因為人原本就是和大自然共存的動物之一。

當你覺得心情鬱悶，羨慕別人的時候，到近郊的大自然走走吧。山也好，海也好，暫時放下紛紛擾擾的牽掛，將自己交給大自然。

聽聽海浪拍打岸邊的聲音，享受捧起一抔沙的觸感，吹著海風散散步。一步步踩著山路，汗流浹背，享受山頂的景色，大口咬著飯糰。若覺得散步爬山太累，也可以放輕鬆儘管眺望眼前景色，任時間流逝放空發呆，效果也很好。

此時，你心中會湧現一股日常生活感受不到的解放感，**內心所有的自卑感和鑽牛角尖的想法都會消散無蹤。**

本來，我們的祖先就是過著和自然融為一體的生活，他們會對著朝陽合掌膜拜，喜愛月亮的圓缺，對四季遞嬗有敏銳的感受，並培育出非常纖細的感性。

但現在，我們的五感逐漸在忙亂的生活中變得遲鈍。再這樣下去，原本日本人值得向世界自豪的感性將逐漸消失。

有句禪語為「柳綠花紅」。意思是柳是綠色，花是紅色，自然萬物各自以原本的樣態展示在我們眼前，而真理就埋藏在這些樣態之中。

自然總是以最真實的狀態呈現在我們眼前。因此，我們和他們面對面時，也很容易展現出最真誠的自我。在這個時候，我們應該能發現在日常生活中從未見過的全新自己。

不生氣的「身體」之7

感謝以蔬菜為主的和食帶給我們的恩惠

前面提到，到山中寺廟修行的雲水僧，只需要一個月的時間，他的表情和舉止都會徹底改變，變得更加端莊。

當然，規律作息、打坐、讀經這些活動一定會帶來一些效果。但我認為，他們身上之所以產生那麼大的變化，還有一個重要的因素——那就是以蔬菜為主的簡樸餐食。修行中的早餐是清粥、芝麻鹽、醬菜。午餐是摻著麥的米飯、味噌湯、醬菜。晚餐就是比午餐的內容多加了一道叫「別菜」的燉煮料理。這當中完全沒有葷食。很多人入山一個月輕輕鬆鬆就減去十到十五公斤。

在習慣這種生活之前，空腹感是最難熬的。但習慣這樣的飲食之後，很多人都說：**腦袋會變得非常清楚，身體的動作也敏捷許多。**而且皮膚變得更光滑，比入山前更健康。

我也聽說過運動選手或格鬥家在比賽之前會嚴格禁止吃肉，例如牛排或烤肉等等肉食，如此一來能產生與人搏鬥的欲望。

我猜想，吃什麼食物帶給一個人精神上的影響，可能遠超乎我們的想像。

重視和諧的日本人，國民性偏於沉穩，這可能是因為我們原是生活於被海圍繞的農耕民族，食物以蔬菜、豆類、海藻、魚類為主，所以才培育出這樣的性格。同樣的，歐美人過去是狩獵民族，靠獵取動物維生，這種以肉食為主的飲食培育出較為鬥爭、獨立的性格。很多人說，最近日本越來越多年輕人脾氣暴躁，動不動就生氣，其遠因或許就是歐美化的飲食習慣所造成。

日本淵遠流長的「和食」非常注重營養均衡，早已引起世界的關注。日本人若想要找回沉穩的心靈，現在或許是我們該重新評估和食價值的時候了。

除此之外，吃飯前後合掌，代表感謝料理食物的人、生產者、運送食材的人、以及食材所貢獻的生命，這麼美好的風俗習慣，我們也必須給予它新的評價。

不生氣的「身體」之8

悠哉地洗澡

修行僧進駐的禪寺，一定會有一個稱作三默道場的地方。

所謂三默道場是指打坐與生活中心的僧堂、廁所（東司），以及浴室（浴司）這三個地方。這些地方被視為神聖的場所，進到這裡一句話都不能說。

有些人可能一時無法理解，認為入僧堂必須靜默就算了，但在廁所和浴室也能開悟？其實，傳說烏芻沙摩明王就是在廁所中開悟，而跋陀婆羅菩薩就是在浴室中開悟。即使到現代，禪寺的廁所和浴室也都供奉著各種佛。

是否真能在這些地方開悟倒不是重點，我相信我們都曾經在使用廁所或浴室時，腦中浮現出一些靈感對吧？

特別是在身心都特別放鬆的浴室，當我們卸下一天的疲憊，會有一種結束任務的放鬆感，這時腦中偶爾會浮現一些令人拍案叫絕的嶄新發想不是嗎？我自己也有過好幾次經驗，在洗澡的時候腦中意外浮現一些庭園造景的新點子。

鬆開緊繃一天的神經，放下固執己見和意識形態，你的心自然會變得柔軟。

當我們將疲憊的身體泡在浴缸的時候，往往能脫離偏見，從別的角度重新審視自己的人際關係。

「沒想到最後還是忍不住回嘴了，其實自己也有該反省的地方。」

「其實我不該一直批判他，也要聽聽他的理由才是。」

像這樣，白天還覺得那人「不可原諒」，晚上泡澡時，不知怎麼心胸突然寬大起來，開始站在對方的立場思考。

只是，若水溫太高，會使交感神經太過活躍，身體和心靈都會轉為行動模式。因此，為了讓副交感神經更加活躍，最好泡溫一點的水。

建議那些「怕麻煩」，平常只用蓮蓬頭沖澡，或蜻蜓點水般隨便泡一下澡就起身的人，今天晚上試著悠悠哉哉在浴缸裡伸長手腳，好好地泡個澡吧。

不生氣的「身體」之9

睡覺前三十分鐘開始沉澱心情

「最近晚上都睡不著覺」、「早上起床，覺得昨天的疲勞還在」……我常聽到很多人這麼說。但若問他們「睡覺前都做些什麼？」回答大抵如下：

「用電腦」、「看電視或平板電腦」、「用手機聊天」，不然就是「和同事喝酒喝到半夜，回家沖個澡就睡覺了」……

做這些事，根本沒辦法睡一個好覺，也沒辦法消除疲勞。

這是由於這些人把忙亂的日常生活帶到床上，腦袋還沒切換過來，睡不著是當然的。眼睛一閉上，白天掛心的事情一一浮上心頭，身體雖然休息了，心裡卻開始忙碌地東想西想。再加上夜晚會增強負面想法，容易讓人往壞的方面去想，心情光是焦躁卻無法解決任何事。

最重要的是切換腦袋的模式。改變睡覺前的習慣，就可以改善睡眠品質。時間足夠的話，最好在睡前三個小時前就開始準備進入睡眠模式。放下手邊看著的電視、電腦、手機等等令人精神振奮的東西，換上寬鬆睡衣或運動衣褲，讓身體放鬆一下。你可以聽聽喜歡的音樂，最好將房間的燈光調暗。我最推薦點上療癒效果佳的精油。香味對腦部的作用最為直接，可以讓身心漸漸放鬆。也可以做做瑜伽或伸展運動讓身體放鬆。女性的話，可以利用這個時間仔細保養肌膚。

沒有時間的話，至少留個三十分鐘給自己吧，做些讓自己覺得「好舒服」、「好放鬆」的事情，細細品味這段時間。

或許這一天過得不盡己意，但沒關係，在心中感恩地想：今天又平安度過一天，就為自己留一段時間吧。當你察覺到這份幸福感，內心自然會浮現「感恩的心」。伴

隨著感恩的心和安穩的心情入睡，明天一定能迎接一個幸福的早晨。

不生氣的「生活」之1

早起

你都怎麼迎接一天的開始？

是大喊一聲「啊！睡過頭了」，慌慌張張從床上跳起來，草草洗臉吃早餐後就趕著出門，途中還想起忘了帶某樣東西，趕緊回頭。還是一邊後悔「要是再早一點起床就好了」，一邊奔向公司，在準備不足的狀況下出席會議或磋商會面，把回信和整理傳票的工作不斷延後。因為被時間逼急，工作自然草草應付，連帶自己變得沒有自信，一整天老覺得靜不下心來……大家是否有過類似的經驗呢。

佛教認為，因與緣相結合後產生結果。這世界上所有事物都是互相關聯，只要種下好的因，就能受惠於好的結果，如果只種下惡因，就只能得惡果。

這是世間不變的道理，大家必須銘記在心。

一天的「因」就從早晨開始。你的早晨都怎麼過呢？每一天的緣分的連結方式，幾乎都和早晨的因有關。現在大家知道，假如早晨以匆忙作為開始，會產生什麼樣的結果了吧？

但若能早起三十分鐘，從容地展開一天的行程，又會有什麼不同呢？一邊讀報一邊悠哉地吃早餐，選擇適合今天心情的打扮，該帶的東西都記得帶了。「好，出門吧！」精神飽滿地走出家門，在通勤途中多了一些閒情逸致注意到四季的變化，甚至在腦中已勾勒出今天工作內容的大致輪廓，待會工作起來會更有效率。只要好好運用早上的時間，說不定還有多餘時間活動身體，可以做一做伸展運動或散步等等。或者你想去附近的咖啡店自我進修也行，例如學習英文或閱讀。最近有一個新名詞叫「晨活」，據說是大家相約在早上進行諸如讀書會、早餐會等活動。

該怎麼做才能結一天的好緣？先試著早起吧。

不要覺得自己做不到，試一次就好，早起三十分鐘試試看，我保證你一定可以過個清爽的一天，並得到美好的收穫。

不生氣的「生活」之2

早晨不要開電視

想要改變使用早晨的時間，除了早起還有一個重點，那就是「不要開電視」。

記得早晨起床不要去碰電視遙控器。光這麼做，你的晨間生活就會產生非常大的改變，甚至連帶影響一整天的狀況。

你每天早上都一定要收看新聞或提供情報的節目嗎？是否曾想過為什麼？

說穿了，很大一部分原因只是「習慣」罷了。

有時候只是為了看時間，或氣象，不自覺地就打開電視了。很多人可以不吃東西，也不做出門的準備，卻認真地盯著電視機一直看。

儘管如此，電視機播放的影像和聲音對人造成的影響超乎我們想像。一大早，是我們的頭腦最清醒最純淨的時候，但電視播放的內容會使得悲慘的事件、意外事故的報導、不必要的商店與商品等情報，全都侵入我們的腦中。

生活在這個時代，我們隨時會接收到排山倒海而來的資訊，若從早到晚無意識、不停地吸收這些資訊，我們的身心根本無暇休息。若一味地渴求、囫圇吞棗地吸收這些資訊，被這些不必要的訊息迷得暈頭轉向，到最後很可能連自己的人生該怎麼過都沒有主張了。

有人認為「要是完全不碰新資訊，會被社會淘汰」。我建議他們可以讀早報，報紙應該能提供足夠的資訊了。

或許我們應該重新審視收音機的價值，想要吸收新資訊，收音機其實是個很方便的管道。

試著把電視關掉，應該會覺得早上出門前的準備變得更順暢。當你在吃早餐或準備出門的時候，目光不被電視畫面吸引，就能有意識地做好每一件事情，反而能省下更多時間。

多出來的時間，可以用來做一些伸展動作或打掃，最後再喝一杯茶，稍作休息。

打坐五分鐘，讓心情沉澱下來，讓終日忙碌的頭腦有機會小休片刻，並暫時停止內心的自言自語。

這麼一來，我相信你一定一大早就充滿活力，一整天都能結好緣。

不生氣的「生活」之3

先決定好一天的行程

先決定好今天該做的事，然後集中精神去做，你會覺得一天的時間怎麼一眨眼就過去了。到了傍晚你才回過神來發現，時間怎麼過得這麼快：「喔，已經這麼晚了。」此時，你的心中會滿溢著充實感。放越多精神在上頭，成果越豐富。

這是雲水僧在做禪的修行時，日復一日所獲得的感受。

如同禪語「步步是道場」，以禪的修行來說，雲水僧們一整天所做的事都是修行的一部分。早上四點起床後立刻打坐和讀經，之後，打掃，吃早餐……一直到晚上九點就寢，一整天的行程都排得滿滿的。要是做事情拖拖拉拉，就沒辦法完成所有行程。而且，假使做事情的方法有些許錯誤，師父（古參和尚）的木杖就會立刻往你頭上招呼，所以雲水僧們一定要全神貫注地做好每一件事情。

唯有兼具肉體和精神的鍛鍊才稱得上是完整的修行。禪的修行不光是打坐，還包括一語不發地勞動身體和專注在眼前的事情上。所謂的修行就是「修正行為」。

任何年齡與立場的人都有自己「該做的事情」或「想做的事情」，並且每天努力地實踐它、追求它。

有些人必須去賺錢工作。就算沒工作，也有家事、日常生活的雜事、興趣、休閒、吃飯、洗澡等等，「該做和想做的事情」實在太多了。但我猜很少人會把一整天的時間細分什麼時候該做哪些事情。

由於沒有先決定好做這些事情的順序，所以才會嘴裡抱怨「好忙」，但卻花了很多時間在上網、看電視、用手機聊天。而且做事漫無目的，效率不彰，導致工作進度落後。我看過太多這種例子了。

最常見的狀況是，心裡焦急地想著「該怎麼辦」，然後把時間都耗在擔憂害怕上……其實各種邪念、迷惑、不安都是在這時候趁虛而入。因為不知道自己該做什麼，不知不覺就往負面的方向思考。

找個時間好好思考一下，該怎麼安排自己一天的行程。

只要調整好生活的節奏，心情也會跟著調節。我的經驗是，光用頭腦想很容易亂掉，最好把它寫在紙上。

除了安排工作的流程之外，從早上起床到晚上睡覺為止，一天之中所會做到的事情都必須一一劃分出時間和流程。你可以事先寫在記事本或小卡片上，接下來只要默默地執行即可，根本無暇產生邪念。而且，還能保留自我學習或進修的時間，趁這段時間好好做一些平時一直「希望能做的事」。

當然，實際執行時，不一定完全能照著預定計畫走，這時候就不要拘泥於行程表，只要臨機應變即可。我特別建議晚上保留越多空閒時間越好，可以有更多餘裕做時間的分配。

將每天的行動系統化之後就不用想東想西，只要埋頭專心做自己的事情就好。這麼做的另一個好處是情緒能維持穩定，精神狀態也會變得比較安定。

那麼，想想明天早晨第一件事，你想從做什麼開始？

不生氣的「生活」之4

打掃

大家有過這樣的經驗嗎？一踏入禪寺大門，就能感受到一股肅穆的氛圍，讓人不由得豎直背脊。

我之前說過，打掃是禪修的基本功之一。雲水僧必須徹底學會禪寺規定的打掃方法，包含正殿，各建築內部，一直到寺廟境內，早晚都必須打掃得乾乾淨淨。

打掃就是在磨練心性。禪寺內的走廊和地板就像鏡子一樣明亮，能映照出毫不掩飾、最原本的自我。身在如此清明的空間，自然行為端正，態度肅穆。

禪寺是神聖的場所，但世人皆有佛性，所以你的住家也同樣是神聖的地方。當你結束一天工作，回到家打開玄關大門時，若迎面而來的是雜亂無章的房子，你覺得那樣的地方適合「尊貴的自己」嗎？

睡衣脫掉亂扔、水槽裡擺著髒碗盤、桌上堆滿東西……回到家看到這些髒亂，不僅不能好好休息，同時還生活在容易誘發煩躁情緒的環境中。那些應該丟掉的垃圾、應該收拾起來的衣服和雜誌，還有地板角落堆積的灰塵，這些東西都是「雜音」，會在你的心裡彈奏出不和諧的音調。

在禪宗中，最理想的存在狀態是「應該有的東西，出現在應該在的地方，呈現應該有的樣子」。當我們看到應該有的東西都被收放在它應該在的地方時，心情就會有煥然一新的暢快感。就像我們一踏進禪寺就覺得心境澄澈一樣，不管任何空間，**只要它乾淨、整潔，就擁有使人心變得更美更清澈的力量。**

同樣的，打掃這個動作本身也擁有照亮心性的力量。

當你心情鬱悶，覺得頭腦昏昏沉沉的時候，可以試著以擦亮心中明鏡、磨練自己的態度，把房子徹底打掃乾淨。

用力擰乾毛巾擦窗戶、用吸塵器把屋內四周吸得一塵不染，用乾布擦亮家具和電器產品。埋首在這些工作的時候，你會發現那些讓心中混濁的沉澱物竟不知不覺消失了。

想要消除心中的雜音，最簡單的方法就是盡量讓屋內保持簡單樸素，讓這個空間只放置必須的物品。

就像我們看到禪庭造景心情會覺得寧靜一樣，這是由於它將不必要的東西削減至極限。大家能以禪庭為目標，打造出一個簡單清爽的空間。

為此，第一步要做的，就是捨棄不需要的東西。假設你是屬於不捨得丟東西的人，請先制定一套基準。

例如，兩年沒穿過的衣服就丟掉，信件和明信片只能留一箱，讀過的雜誌一定要拿去回收等等。只要配合屋內空間與生活風格並決定好丟棄的基準後，下次收拾東西時就不會猶豫不決。

把不需要的東西丟掉，把灰塵髒污擦乾淨，連帶地也會把你心中揮之不去的煩惱與壓力一同甩開。打掃整理完畢後，看到屋內整潔、井然有序的模樣，我相信你的心情也會輕鬆許多。

房間整理乾淨後會散發出一股獨特的清爽感，這時再裝飾一朵花效果就更好了。看到花朵努力綻放自己的生命色彩、那令人憐惜的模樣，我們的心情也會受到滋潤。

在這樣的空間中孕育出的生活態度，才稱得上是不為物役，真正自由自在的生活態度。

不生氣的「生活」之5

只買真正需要的東西

請看看你現在房間內的東西，其中真正需要、會被你永遠珍惜的大概佔幾成？

你能一口咬定它們全部都很重要，而且必要嗎？如說，從未使用過的便利小物、退流行後不曾再穿的衣服、買來做紀念但已經沒新鮮感的紀念品，大多數的人身活周遭都堆滿這類物品不是嗎？

人赤裸裸地來到這個世上，死的時候也將無法帶走任何東西。

既然如此，我們為什麼擁有這麼多物品？

當然有一部分是自己買來的，也有別人送的，跟別人要的等等。但是大部分都是你根據「太可愛了，好想要」、「感覺很方便」、「別人都有」……等理由買來的東西。

既然如此，為什麼如今這些東西看起來卻一點都不具吸引力呢？

原因就是，你沒有認真思考過這些東西「真的需要」嗎？

想要，所以買。只要有這種想法，我們的心將永無安寧。

欲調整心性，必須先脫離「想要」的欲望。相反地，只要你脫離了「想要」的欲望，就能卸下心靈的沉重枷鎖，從此逍遙自在，再也不必為了和人比較而焦慮，或老是注意自己沒有的東西而覺得沮喪。

想要達到這個境界，必須從減法開始。心一橫，把不必要的東西徹底處理掉。然後，在一個清爽的空間中，誠實地面對自己，重新省思哪些東西是自己真正需要的？如此一來，你會發現原來有些東西對於「原本的自己」來說，是生命中最重要的，而有些東西只是用來妝點門面，滿足自己的虛榮心，以後再也不需要。

你可以下定決心，往後擁有的物品必須符合自己新的生活態度。

即使如此，當我們隨意走在街上，誘惑著人們購物的環境仍四處可見。當你發現自己有衝動購物的欲望時，先深呼吸一口氣，回想「本來無一物」這句禪語的意思。

人本來就無法擁有任何東西。

不生氣的「生活」之6

整理儀容

有些人在初學慢跑、健走、登山等活動時，總會先搜購最新的服裝、鞋子，甚至帽子、太陽眼鏡都一應俱全。

就是所謂「注重形式」類型的人。其實若想要提高鬥志，貫徹始終，這是一個很有效的方法。

人的穿著會透露他內心的想法。當一個人在運動前備齊全身行頭，表示他心裡想的是「我想跑得帥氣」、「我想舒舒服服地健走」。這樣的人比起直接穿著身上的運動服或T恤，毫不修飾感覺敷衍了事的人，更容易持久下去，更容易看到成果。

我們常聽演員說：「穿上哪個角色的衣服，就變成那樣的人。」所以絕不可小看服裝帶給人心情上的影響。

當一個人穿著鬆垮垮的T恤，或好幾天沒洗的襯衫，或皺巴巴的外套，卻一副若無其事的模樣，等於身上掛著一張寫著「我是個連整理儀容都不會，態度隨便的人」的牌子四處走。穿著邋遢，無形中給人冷冰冰，難以親近的感覺，自己的行為舉止也容易變得隨便。

想要改變自己的心性，很重要的一點，是應該從形式開始改變。

我的意思不是要大家追求最新的流行，妝點自己的門面，而是希望大家用心打理自己的服裝、頭髮、指甲、鞋子等等細微之處，力求整潔，給人清爽的感覺，同時也讓自己獲得更舒適的生活。

除了注意儀容，還必須留意保持良好的姿勢。

禪宗有一句話叫「威儀即佛法」。意思是整頓自己的住所，端正自己的儀容，這樣就是在實踐佛陀的教誨。

縮下巴，背脊打直，縮小腹，頂天立地，讓你的生活態度和你站立的姿勢一樣，令人肅然起敬。

不生氣的「生活」之7

品茶

如今隨處都可喝到茶，但在古時候這是只有特權階級才喝得到的貴重品。有關茶傳入日本的說法有很多種，一般認為是平安時代被派作遣唐使渡海到中國的和尚帶回來的。

直到江戶時代發明煎茶為止，抹茶一直是茶的主流。受禪宗影響迅速發展的茶道，對當時一般庶民而言根本是遙不可及、只有知識階級才能擁有的享受。從這個角度來看，現在的我們隨時隨地可買得到寶特瓶裝茶飲，對古人來說簡直就是夢幻般的時代吧。

我們已經知道茶含有多種藥效成分，其中最大的「藥效」就是，只要一杯茶在手，就能讓人喘口氣，放鬆身心。

很多人應該都有類似的經驗：在初次拜訪的公司，喝下對方端出來的茶，除了潤喉解渴，還會消除緊張感。或者會議進行到一半，進展停滯時，服務人員進來加茶後，突然化解了僵局，大家又相繼提出各種意見。

據說在從前，若有家人沒時間吃早餐就急著出門的話，母親會為他送上一杯熱呼呼的茶：「喝完了這杯再走吧。」

茶已經成為日本人生活中不可分割的一部分。大家可以試試看用不一樣的方式品茶。

喝茶的時候全神貫注在喝茶的動作上，想像自己與茶融為一體。感受茶杯傳遞到手上的溫熱度、茶湯的清香、擴散在舌頭上的甘味和澀味、流入喉嚨時的溫潤感。原來喝一杯茶能獲得這麼多感受，是不是覺得很驚訝？可能有些人會覺得困惑：「什麼，喝杯茶還要那麼麻煩啊？」沒關係，先不要想那麼多，只要捧一杯茶，忘記平時的煩惱，專心喝茶就行了。

將心沉浸在「當下」這個瞬間，這就是禪說的「喫茶喫飯」。專心品茶，專心吃飯，就能悟得真理。只要集中精神在喫茶喫飯上，連喝茶這麼簡單的日常行為也能成為鍛練精神的絕佳機會。

不生氣的「生活」之8

感受微風吹拂而來的愜意

我所任職的建功寺境內花草樹木非常多，這裡的四季景色常使我內心感到平靜。早上打掃境內的一角以及本殿前方，是我每天必做的工作之一。這段時間也是我體會季節變化的寶貴時間。

不須出差的日子，我幾乎每天都會在同一時間打掃本殿前方，但我覺得從來沒有一天吹著同樣的風，每天的景色與天空顏色也都不同。

最先讓我有「啊，季節變換了」的感覺是風的溫度。可能是捲起枯葉的寒風、夏天穿過樹梢的清爽涼風、輕撫臉頰的春風……冬天因為寒冷，手腳末端常凍得疼，夏天稍微動一下就渾身是汗，還會被黑斑蚊叮咬。但相對地在境內打掃的這段寶貴時間，使我體會到大自然的許多恩澤，大大地彌補了諸多不適感。

但是這種擁有細緻肌理，堪稱日本獨有的季節感，最近似乎越來越難感受到了。水泥建築、開著冷暖空調的房子、一年三百六十五天都擺著同樣蔬菜的超市，在這種環境下實在很難讓人察覺四季的變化。特別是在都市生活，由於工作忙碌，大概只有聖誕節、情人節，還有每一季的大拍賣活動才有機會感受到四季的變化吧。

但是，不管我們生活在哪裡，依然可以接觸到每個季節吹拂的微風。

早上走出玄關時、結束一天的工作走回家的路上時、出門買東西時，下次不妨在這些時候注意一下今天吹著什麼樣的風。仔細感覺空氣的溫度和濕度，感受它的味道。然後，傾聽搖曳著院子裡的樹、行道樹的風聲。

「今天的風好清爽。」「鼻尖好冰，已經冬天了吧。」

像這樣，每天都能感受到不一樣的風。

漸漸地，你的感性會越來越敏銳，以後走在街上一看到自然景物就會習慣性地去注意它，慢慢發現到那些路邊花草、小鳥在大都會中綻放生命，力求生存的模樣。

無論身處何處，我們都可以發現一個道理，生活在大自然中的我們，其實也是大自然的一部分。想到這個道理，心胸就會不自覺寬大起來，就好像做一個好大的深呼吸一樣。

不生氣的「生活」之9

記得「一日一止」

「一日一止」是源自中國的一句話。

意思是「一天停下腳步一次，就能走在正道上」。「一」和「止」合在一起就變成「正」這個字。原來如此，很有說服力的一句話。

禪語裡面也有「七走一坐」的說法。如字面所述「跑七回，坐一次」，因為人絕對不可能一直跑而不休息。這句話教導我們全力衝刺之後要停下來休息，好好反省剛才跑得如何。

有些人習慣「一邊跑一邊思考」，但這麼一來無法集中精神在「跑步」上面。跑步的時候若內心猶疑不安，也無法發揮真正的實力。既然我們不是超人，就一定有肉體的極限。假使跑到喘不過氣，中途棄權，反而會對身心造成傷害。

想早點到達目的地，最有效的方法是定時休息，養精蓄銳，想清楚現在的狀況如何、配速是否沒問題，然後再繼續往前跑。

該休息而不好好休息的人，下場就是該努力時無法努力，因為他沒有蓄積足夠的精神和體力，所以無法專注在任何事情上。

燃起鬥志全力以赴的時間和身心放鬆的時間，這一鬆一緊之間若能操控得宜，心裡就會產生游刃有餘之感，順暢地發揮出自己的力量，並能從容地與周遭的人應對。

那麼，這個「一止」應該在什麼時間做，效果比較好呢？

我認為最有效的時間帶應該是在早上。可能很多人覺得：「早上是最忙的時候，怎麼可能空得出時間？」但就如我之前所說，早上的時間最為重要，可以說控制得了早上的人，就控制了一整天的時間。

覺得晚上比較容易靜下心來的人，也可以在睡覺前做。利用午休時間小睡片刻也能達到「一止」的效果。

一天之中找個時間停下腳步，確認腳下走的路後再繼續前進，漸漸地你會發現自己一直走在正確的道路上。

不生氣的「生活」之10

用心做菜

道元禪師認為，同屬「作務」的做菜和打掃都是非常重要的修行。

在禪寺中，負責做菜的人稱為「典座」，是非常榮譽同時也是身負重任的職務。對禪僧而言，吃飯是精進修行的重要步驟之一。所以說，做菜本身就是修行的好機會。

道元禪師在講述典座心得的著作《典座教訓》中說道，做菜的人不可忘記三心，就是「喜心」、「老心」、「大心」。

意思分別是，抱著歡喜、款待的心情做菜；做菜時像老婆婆一樣細心；替人設想、不拘小節，心胸寬大地做菜。

做菜，就是領受食材的生命。所以在做齋菜的時候，不管是白蘿蔔切剩的邊、紅蘿蔔的皮，都不能隨便丟棄。另外，不能用「不新鮮」、「便宜」作為理由，隨意丟棄或浪費食材。

把所有食材物盡其用，發揮出它最好的味道，唯有抱持這樣的態度做菜，才不枉費食材所奉獻的生命。典座做菜時必須抱著替食用者著想的心情，以及對食材的感謝之心，全神貫注，不偷工減料。這就是典座使人尊敬的原因。

吃了你做的菜的人，可能是家人、朋友、另一半，甚至是你自己，不管是誰，你做的菜成為那人身體的一部分，補充了他的能量，成為他明天活力的來源。

這份食材與你有緣所以才來到你身邊，應該對它心存感謝，用心做菜，用心進行這項高貴的「修行」。

道元禪師在書中寫道：「若無求道之心，典座不過是份苦差事。」對修行僧而言，做菜這件事的重要在於求道的信仰心，但對一般大眾而言，做菜可以讓自己活得更好，包括享受做菜或吃東西的過程也是很重要。

比如說，根據季節或料理選擇器皿，或在餐桌上裝飾一些花朵等等，光是做一點小小的改變，吃一頓飯也可以讓心情安定。

大家可以發揮自己的創意，好好享受做菜這門修行吧。

不生氣的「生活」之11

發現別人的優點

不知為什麼，有些人特別有魅力，待在他們身邊就讓人有溫暖、和樂的感覺。他們大多笑臉迎人，個性和善，行事穩重。最重要的是，他們很會注意別人的「優點」。「謝謝，你好貼心。」「你真的很會穿衣服。」「好厲害，你居然完成了！」像這樣，即使微不足道的一件小事，他們都能立刻察覺，說出讚美的話。你身邊是不是也有這樣的人？

總是看別人優點的人，以及老是把目光聚焦在別人缺點的人，這兩種人，哪一種人過得比較幸福，我想就不用多說了吧。

當你下意識地想找出別人的優點時，會發現其實沒想像中那麼容易。若對象是平時就有好感的人還不難找，像是「溫柔」、「可靠」、「有品味」等等。但面對不喜歡的人，或說得更直接些，面對那些「討厭的人」，要找出他們的優點可沒那麼容易，甚至讓人忍不住想脫口而出：「他這人根本沒有優點！」

但是，人是多面向的存在。比如說，平常對下屬大吼大叫嚴厲斥責的魔鬼上司，面對自己家的小貓時，說話卻帶著幼兒腔調；看起來連一隻蟲子都不敢殺的內向女性，其實擁有武術的段位……我想大家一定都有過一兩次這種經驗吧，得知他人的另一面後，不禁讓人想大喊：「不敢相信，這是他嗎！」

不管你多麼討厭對方，一定要告訴自己，你所討厭的，不過是他的其中一面而已。與其緊盯著他不好的那一面，內心不斷產生抗拒和嫌惡，不如找出他「好的一面」，其實對你比較有利。

那麼，該怎麼找出不喜歡的人的優點呢？

首先，請先摘下有色眼鏡，**把他當作是初次見面的人一樣對待**。你可能會發現「沒想到他字寫得這麼漂亮」、「他很會主持會議」等等從未注意到的另一面。當你發現他這些優點，請務必親自當面告訴他。培養一顆寬大柔韌的心，也是學禪的基礎功夫之一。

不生氣的「生活」之12

試著放棄一件事

你是否也遇過這樣的狀況？明明心想「是不是該放棄了」，但實際上卻猶豫不決，很難下定決定。例如，常見的就是加入健身房會員卻一直沒去，還有熬夜、抽菸、喝酒等等。

想要改變生活，與其在「正在做的事情」上疊床架屋，不如先決定「不要做哪些事」效果可能更快、更顯著。決定不做哪些事情後，心靈和時間都多了一些從容，就可以開始做一些準備，為生活注入一番新氣象。

特別是我看到最近年輕人的行為，有些事情我認為「不要去做，或許會活得更開心」。

比如說，花太多時間在玩推特或臉書等ＳＮＳ（Social Network Services）。我覺得他們花費太多時間在電腦、手機、電視。我不主張放棄這些產品，而是希望他們至少能減少一半的使用時間，更有效地把時間利用在其他地方上。有人認為寫部落格比較有明確目的，所以不算浪費時間，但是每當我看到那些部落客為了更新進度和找尋新題材所耗費的時間，不禁懷疑：「他們活著是為了寫部落格嗎？」

我了解人們加入ＳＮＳ的目的是為了和他人產生連結。我承認，與他人產生連結，互相給予刺激，對我們內心的成長有很大的助益。而且，情感深厚的友情能豐富我們人生，是非常珍貴的寶物。

但是，看看現代人在網路上交換的訊息和留言，這樣交流的稱得上是互相認同，互相成長的緊密連結嗎？依我看，大多數的人只是因為「怕寂寞」、「怕被時代淘汰」等理由所以群聚在一起罷了。

不限於ＳＮＳ，還有許多行為不也是因為「大家都在做」、「一開始做就停不下來」等理由所以無法擺脫？假設你真心想改變，即使只改變其中一樣也好，請從今天就開始改變吧。

下定決心與這些行為做「切割」，我保證你的生活一定會有一番新氣象。

不生氣的「生活」之13

一件事做完再做下一件事

最理想的運用時間方法是什麼？

曾留下多句名言，唐代著名的趙州禪師面對弟子的這個提問，回答下面這句話：

「汝被十二時辰轉，老僧使得十二時辰。」

十二時辰就是指現代的二十四小時。這句回答的意思是，「你被時間使喚，我卻能自由運用時間」。

比如說，「啊，預定結束的時間到了，雖然還沒討論完，今天就到此為止吧。」這就是被時間使喚的狀態。而「雖然超過預定時間，但已經快有結論了，我們再花點時間討論吧。」這就是自由運用時間的狀態。

按部就班，毫無遺漏地執行自己訂下的行程，表面上看起來這種運用時間的方式非常有效率，但就長期來看不一定如此。以剛才的例子來說，前者的情況必須要再開一次會才能做出結論，而下次開會時，必須從前次會議的提要開始，以結果來看，前者費神耗時的程度可能是後者的一倍以上。

仔細想想，若只是十分鐘、二十分鐘的延遲，只要調整其他部分的時間就能應付，照理說應該一口氣把自己應做的事項或懸而未決的事項做完才對。

有些人一旦行程被打亂，就會在心裡嘀咕「行程亂掉了」、「真是礙手礙腳」，覺得不高興，焦躁不安，心浮氣躁，這就是被時間使喚的狀態。因為那些行程都是自己訂的，為此焦躁不安，心情不好，就如同自己勒著自己的脖子。

其實只要專注在眼前的事情上，一件一件完成應做事項，就會突然冒出一段「忙中閒」的時間。再怎麼忙碌的工作之中，也會突然冒出一段空白的時間。

能夠成就大事的人，在日常生活中都會留下這麼一段「空白」時間。那些被稱作「成功人士」的人，通常都會利用忙裡偷閒的時間，重新反省自己。

人應該成為時間的主人去「使用」它，而不是被時間「使喚」。

不生氣的「生活」之14

絕口不提「忙碌」、「疲勞」

「謝謝」、「辛苦了」、「多加小心」……雖然只是簡短的一句話，但若能真心說出口，一定能振奮對方的精神。

我相信在日常生活中，你也一定會特別注意適時地對別人說幾句這類「貼心的話」。

但是，我們對最重要的自己所說的話，卻常常很隨便。回想平常我們在心底的喃喃自語，或無意中在心中冒出的話，你會用充滿鼓勵、貼心，充滿愛的語氣對自己說話嗎？

「唉，好忙」、「好累喔」、「煩死了」、「像我這種程度」……是不是都在心裡反覆唸誦這些負面語言？

語言具有很大的力量，日本人應該比其他民族的人更有感覺，更能體會這個道理才是。比如說，看到別人在婚喪喜慶或準備考試的時候，絕不能說出「散」或是「落」這些字眼，也就是俗稱的「禁忌語」。因為我們的祖先深刻體會到「言靈」（譯註：日本古代先民認為語言具有神秘的力量，像是詛咒或誓言，稱作「言靈信仰」）的力量。聽說對著花朵或觀葉植物說「你好努力」、「你開得好漂亮」等讚美的話，植物就會長得健康茂盛。

最容易聽到你的話語的人不是別人，正是你自己。

假使你一整天都被否定的話語疲勞轟炸，精神上一定會感到十分疲累，漸漸地影響後來行動的品質，進而陷入更加疲累、焦躁的狀況。

以後，假使真的想表達「很忙」、「很累」時，請換個說法，改成「好充實」、「我盡力了」如何？

另外，還有一個方法，**假使不小心說出負面的話語，就把它當作是自己需要改變的徵兆**。要立刻做出大改變可能有點困難，建議可以從本書介紹的方法中，挑選對自己而言比較容易做的方法開始，一點一滴做起。

佛教有所謂的「愛語施」，屬於「布施」的方式之一。愛語，就是對別人說出體貼的話語。

或許，最需要愛語施的人，就是你自己。

不生氣的「生活」之15

走出車站的驗票口後就不再去想了

大家知道為什麼寺廟和神社都要有一條長長的參道嗎？

從山門（寺廟的門）到本殿，或從鳥居到神殿（譯註：前者為佛教寺廟，後者為神道教的神社）的這段路就是參道。山門和鳥居就是從俗世通往神聖領域的「結界」。

有人認為通過結界的瞬間，就能切換自己心情，其實不是這樣。應該要利用參道的這段距離，緩緩地使自己靜下心，以沉穩的態度來到神佛面前。參道的作用就是使參拜者的心情由「俗」轉「聖」。

利用這段距離與時間，自然地調整自己的心情。說到這裡，不得不佩服先人的智慧。

我們可以試著把這個智慧運用在每天的生活中。

你可以自己設定結界和參道，進入這段領域後，讓自己從工作和人際關係等俗世紛擾的「世俗（工作）模式」，切換成反省自己的「神聖（放鬆）模式」。

我不是要大家實際去蓋一個鳥居或參道。而是在腦中想像「這裡是結界」、「從這裡開始是參道」，這樣就夠了。以佛教來說，結界中的神聖場所稱為「淨域」。通過結界進入淨域，可以讓自己的心靈得到淨化。

要我推薦的話，我覺得離公司最近的車站和公車站牌是不錯的選擇。開車通勤的人可以把公司的停車場當作結界。你能自訂規矩，進入結界後就把工作的事情拋在腦後。

下次在回家途中，記得設定一段參道，並且遵守規矩——離開之後，不再去想工作的事。

男性的話，我建議可以設定在每經過一個轉角就鬆開領帶、解開大衣鈕子。女性的話，可以摘下首飾，脫下絲巾等等，說不定就能轉換心情。

就像逐一卸下沉重的鎧甲一樣，走在參道上，逐步把白天累積的緊張和壓力一一放掉。

像這樣，一直到打開家裡玄關大門為止，漸漸回歸「原本的自己」。運用這套規則，讓自己在轉換心情時，變得更得心應手。

不生氣的「生活」之16

把鞋子排好

鞋子，是將你帶往未來的物品。它全天候保護你的雙腳，不管你走到哪，都陪在你身邊。

鞋子堪稱是我們每天的最佳夥伴，但請回想一下，平常我們是怎麼對待它的？是不是很草率馬虎？

你脫下鞋子後，每次都會把鞋子排好嗎？

當我們看到別人家玄關的鞋子排得整整齊齊，除了有一種清爽的感覺，會在心裡讚嘆這戶人家的品性之外，也忍不住想回去把自己家裡整理乾淨。相反地，若看到鞋子東倒西歪的玄關，我們可能會覺得：「哎呀，這家人好像過得很忙碌。」不禁替他們擔心起來。

一個人內心是否平靜，從他對待鞋子的方式就能窺知一二。

在禪宗中，這就稱作「照顧腳下」。

意思是「看好自己的腳下」，直白地說就是「把鞋子排整齊吧」。在寺廟的玄關常常可以看到這句標語。

把鞋子排好只需一眨眼的時間，不需要複雜的步驟。

但是，對那些從不排好自己鞋子的人而言，他們或許認為：「這種小事，有什麼好在意的。」或者因為腦袋太過忙碌，根本沒發現自己沒把鞋子排好。

這就證明，他們的內心不平靜。

連小事都做不好的人，不可能達成遠大的目標。想去遠方，現今有很多方便的交通手段，但不管使用什麼方式，最終還是得靠自己的雙腳把我們的身體運過去。只有每一個步伐都跨得穩穩當當的人，最終才能抵達目的地。

把鞋子排好。只需幾秒鐘就能完成的小事，卻能讓你的生活態度徹底改變。

不生氣的「生活」之17

抬頭看月亮

在禪的世界，月亮代表「真理」。

關於月亮的禪語很多，自古以來懸掛在夜空上的月亮就常被比喻作人生的本質。從古至今流傳了許多和月亮有關的名句，下面我將介紹兩個大家。

「水急不流月」，意思是「水流再怎麼急，也無法沖走映照在水面上的月亮」。水代表擾亂人心的世間俗事，月亮代表自己的心。這句話的意思是說，雖然周遭發生的事情或他人的言論足以擾亂人心，但自己仍不為所動。

「風吹不動天邊月」，這句話也在強調，不管外在發生任何變動，月亮都不為所動，其孤高的姿態才是人應有的姿態。即使風強大到能吹動浮雲，月亮（真理）依然文風不動，發出燦爛的光輝。這句話告訴我們，人的生活態度應該也能達到這樣的境界。

自古以來，日本人就是以月亮的盈虧作為計算年月的基準，遵照陰曆（以月亮周期計算的曆法）的規則生活。在陰曆中，固定每個月一日為新月，十五日為滿月。除此之外，還流傳了許多風雅的名稱，像弦月、十六夜（陰曆十六日的月亮）、立待月（陰曆十七日的月亮）等等。

我們祖先的生活和月亮關係密切，每天晚上必定抬頭觀賞月亮。

然而到了現代，即使到了晚上四周依舊燈火通明，月亮的存在感比以前薄弱很多。即使如此，任何人在趕路回家途中，若抬頭看見月亮露臉，內心一定能得到很大的慰藉。而且，當我們看到銀色的滿月在夜空中散發出美麗的光芒時，一定會看到出神，忘記時間。

當為了工作和雜務忙昏頭時，對人際關係感到疲憊時，我建議大家可以刻意找個時間看看月亮。月亮關愛著在地上受盡苦楚的我們，不分貧富貴賤，溫柔地照亮每一個人。

真理也是一樣，不分貧富貴賤地指引著我們。若能把月亮教導我們的人生真理藏於心中，明天我們又能繼續帶著平靜的心情走下去。

不生氣的「生活」之18

雙手合掌感謝

「該怎麼做才能保持內心的平靜呢？」

每當被問到這個問題，我總是回答：「養成雙手合掌的習慣吧。」

請各位一定要試試看。將右手和左手放在胸前合掌，只要做這個動作，內心會迅速地沉靜下來。

在神社佛堂、掃墓時，或在家中的神龕或佛桌前，都必須合掌敬拜，這個動作我們從小看到大。還有，對著日出合掌也是老祖先流傳下來的習慣。對老天爺（太陽）的恩惠銘記在心的祖先們，看到太陽自然抱著「感恩」的心雙手合十。

合掌，這個對日本人再熟悉不過的動作，其實背後蘊含著極深的意義。右手代表佛祖或其他人，左手代表自己，合掌這個動作蘊含著將兩者合一的意義。

對著神佛合掌時，代表自己和尊貴的存在合而為一，同樣地，在墳墓或佛桌前對著祖先合掌，就有接近祖先的意思……如此一來，神佛或祖先就能接收到我們的感謝之心或祈禱。

我們應該重新看待這個美麗的習慣。

早上合掌祈禱，「希望今天一整天精神飽滿」；晚上睡覺時合掌，感謝今天平安無事；吃飯前後合掌，「我要開動了」、「我吃飽了。」對奉獻生命的食材與做菜的人獻上感謝之意等等，可以試著在各種場合以不虛張聲勢，不害羞，自然的心情合掌。

你會感覺原本躁動不安的心逐漸平靜下來。

假設你的家裡面有神龕，請坐在前面，給祖先們上一炷香，合掌禮拜。假設家裡沒有神龕，就在原地誠心合掌，這樣就夠了。

若家裡有塊地方可以作為你的心靈停泊處，那就再好不過了。把那塊空間整理一下，放上寺廟、神社的護身符或親人的照片，這裡就變成了早晚都能讓你合掌感謝的場所，我相信待在這個地方，一定能讓你的內心平靜下來。

第三章

消除怒氣的方法

Q1 氣自己

為什麼內心總是焦躁不安？

在日常生活對話中，我們常會這麼抱怨：「最近覺得好焦躁」、「我真的快被那個人搞瘋了」……

生活中令人焦躁的原因到處都是。例如嘮叨了好久，小孩仍不肯把東西收拾乾淨、不知變通的上司、不守規矩的乘客、亂七八糟的房間，甚至連打不開的罐頭都能成為焦躁的原因。所以能夠一整天都不感到煩躁的人，大概是少之又少。

如果換另一種說法來形容焦躁的狀態，會是如何？

被別人踩到地雷的不快感；怒氣壓抑不住，眼看就快爆發；身處令人不快的狀況，壓力和緊張迎面而來……大概就是這樣的狀態吧。

每個狀態都是一觸即發。當精神到達忍耐極限的時候，一個小引信，就會導致怒氣爆發，也就是我們說的「勃然大怒」。

即使如此，還是有些修養很好的人面對這些狀況淡然處之，總是保持愉悅的心情。

這兩種人的差別到底在哪裡？

其中一個差別在於，心情愉悅的人懂得消除自己的壓力，所以總是能保持良好的精神狀態。每天朝著明確目標邁進的人，以及懂得用興趣和休閒活動充實私生活的人，似乎比較不會受壓力擺弄，能夠盡情地享受人生。

但是，若消除壓力是建立在酒精、甜食等嗜好品，或是依賴購物來發洩壓力，並沒有解決根本性的問題。不僅如此，有些人甚至會將平時的鬱悶發洩在家人或地位較弱勢的人，這實在毫無道理。

能否控制情緒、轉換心情，是這兩種人的差異點之一。

還有另一個原因導致有的人老是心情焦躁，有的人情緒卻較為穩定。

我們先探究那些容易焦躁的人內心的想法。

首先，他們給人一股「應該這麼做」、「我才是對的」、「一定要這樣做」等獨斷、執著的感覺，似乎所有事情都必須當下作決斷，非黑即白，一旦事情沒有按照自己的期待進行就開始不耐煩，擺臭臉。

相對地，保持心情愉悅的人心裡想的都是：「每個人的想法不同」、「也有可能會發生這種狀況」、「適可而止」。

所以，他們不管面對任何事都不會亂了自己的步調，能悠然面對各種狀況。

如此看來，能放下心中多少的獨斷與執著，似乎成了是否能保持心情愉悅的最大關鍵所在。

當你開始焦躁不安時，請回想「放下著」這句禪語。

意思是，「只有一瞬間也無妨，試著放下一切」。

當你放下一切之時，就是頓悟之時。

人只要活在世上，就無法完全捨棄己見與執著，但是我們可以逐步減少。你可以這麼想：減少越多，人生越快樂。

捨棄
「應該如此」
的執著己見。

氣自己 Q2

忍不住嫉妒看起來過得比自己幸福的人？

當我們羨慕別人的境遇比自己好時，總忍不住鑽牛角尖地想：「唉，別人這麼好，自己卻這麼差……」開始和別人比較，並看輕自己。

眼紅、嫉妒心產生的原因來自於「比較」。

說到這裡，我相信一定有人會在心中大喊：「這我也知道啊，可是就是忍不住……」明知比較不好，卻無法不去比較，可見比較是如何侵蝕我們的內心，帶給我們多大的傷害。關於比較，我們必須對它有更深刻的認識。

在禪宗中，我們會用「莫妄想」這句禪語警惕自己不要與別人比較。留下「莫妄想」如此強而有力的一句話的人，是唐代的無業禪師。

據說不管任何人問無業禪師任何事，他總是回答同一句話：「莫妄想。」可想見，提問的人當下一定覺得丈二金剛摸不著頭腦，但等他理解這句話的意思後，一定會恍然大悟。這句話不只傳達「不要妄想」這麼簡單的訊息，還有更深一層的意義。

一般而言，我們把沒完沒了的煩惱，一堆想法在腦中打轉的情況稱作「妄想」。但在這裡，我把它看作「不要局限於二元論思考」的意思。也就是不要把事情二元化，像是「好、不好」「成功、失敗」，讓自己陷入煩惱。

好、不好；善、惡；幸運、不幸。

人總習慣將事物分成兩種對立的觀點，猶豫該選擇哪一邊，或判斷哪一邊比較好。但只要有這樣的想法，就永遠擺脫不了欲望與執著的束縛。

無業禪師就是在勸告我們，遠離這樣的想法。

「隔壁鄰居買了一台新車，我們家應該換一台更好的車。」

「他去國外旅遊，看起來好好玩，真羨慕他。」

「我的實力比他好，但那傢伙居然比我快升遷。」

像這樣，**只要和別人比較，內心就永無安寧之日。**

「那人看起來好幸福。」我了解我們很難克制這樣的想法產生。但是所謂「幸福」，不是由他人判斷，而是由自己決定。

擁有很多錢，能去國外旅遊，能買新東西就是「幸福」嗎？

一個人不管周遭的人認為他多麼成功，表面上看起來有多幸福，他的人生到底算不算幸福，只有他自己知道。

你自己決定走A這條路，這是獨一無二的選擇。你所羨慕的那個人所選的B那條路，也是獨一無二的。兩條路都是「獨一無二」。

抬頭挺胸，光明正大地走在自己所選擇的道路上吧。

有比較就會有痛苦，有比較就會有煩惱。還有，有比較就會受嫉妒心折磨。

與其有時間和別人比較，不如集中精神在你目前該做的事情上。

努力活在當下，如此一來，你就能發現只屬於你的幸福。

不要妄想，
集中精神在目前
該做的事情上。

氣自己
Q3

常因為一點小事就生氣並把怒氣發洩到其他人或東西上面

常看到有人對店員粗聲抱怨，或在車站月台上和不小心擦撞到自己的人大聲爭辯，彷彿在誇示自己的權力一般。還有一種人，即使心情好的時候，只要稍有不如意的事情發生，情緒就會立刻激動起來，彷彿變了一個人似的。

有時我身邊也會出現這類「怒點很低的人」。他們動不動就因為一點小事勃然大怒，大概是情緒壓不下來，失去理智所致。由於無法控制情緒，所以才會把怒氣發洩在身邊的人或物品上。

但把怒氣發洩在別人身上，心情就會舒暢了嗎？似乎不是這樣。大多數的人不是因為愛生氣而生氣，而是對於無法控制情緒的自己感到焦躁。其實仔細想想，誰是自己憤怒焦躁下最大的受害者？不正是自己嗎？

幕府末期造訪日本的外國人，非常訝異日本人時常面露笑容，看起來總是心情很好的樣子。很可惜，現今的日本已經和過去大相逕庭。那麼，現在的日本人到底發生了什麼變化？

我認為原因或許是出在現代人越來越少勞動身體了？

通常我們活動身體，發洩完精力後，全身會被一股舒服的疲勞感包覆，頭腦反而變得異常清晰。比如說，當我們做完運動或大掃除之後，身體明明覺得疲倦，但精神卻覺得爽快。

相反地，一整天都坐在電腦前面工作，身體不覺得疲倦，但精神上卻感到疲累。假使日常的活動以動腦為主，頭腦容易累積許多壓力，覺得昏昏沉沉，但身體卻是精力過剩。我猜那些動不動就大發脾氣的人，是不是常處於這樣的精神狀態？所以才會因為一點小事把精力爆發在負面的事情上。

只要懂得如何發洩壓力和精力，就不會把怒氣發洩在別人或東西上面。最重要的是，自己會活得更輕鬆快樂。

讓我們像古時候的日本人一樣，勞動自己的身體吧。

起一個大早去跑步、健走、做瑜伽都可以，假日就到近郊的山上、海邊去走走。即使不外出，在家用抹布擦地板，擦窗戶，讓家裡煥然一新也不失為一石二鳥之計。

除此之外，若過去曾經想學某種樂器或料理但苦無機會，不妨現在就開始學習。

若頭腦和身體就像一部車的兩個輪子一樣，其中一邊太小或壞掉的話，就無法直線行駛，反而會朝著意想不到的方向歪斜扭曲。均衡地使用腦袋和身體，這兩個輪子才能有效率地運轉，車子的性能或說人的能力才得以發揮極限。

但必須注意的是，若勞動身體是基於義務感，只會產生新的壓力，無助於減少壓力。**找一件快樂的事來做，或能痛快流汗的事情來做。**

請大家伸出自己的觸角，多方嘗試，我相信你一定能找到適合自己的方法。

找一件能發洩精力，
勞動身體的事情來做。

氣自己 Q4

好幾年前的事情仍揮之不去 每次想到就一肚子火

即使告訴自己「忘記吧、忘記吧」，那些討厭的記憶仍然就像拔不掉的木樁，深刻烙印在腦海裡，不時擾人心神。

但是，事情都已過去，如今再回想：「那人為什麼當時要用這種態度對我」、「若時間能倒轉，我也想當下回敬他幾句」，已經無濟於事，不過是浪費時間而已。

不管你想得再多，已發生的事情不可能再改變，最好不再去想它。若把時間比喻為人，過去就是已死去的人，不管我們哭得多傷心，怎麼叫喚，死者依舊無法復生。

我相信這個道理每個人都懂。但正因為懂得這個道理卻無法放下，才更叫人心情鬱悶。

禪宗認為，我們始終活在三世之中。

所謂的三世是指過去、現在、未來。

一般而言，世人習慣把過去的時間稱作「過去」，還沒到的時間稱作「未來」。

但就禪宗的觀點來說，一瞬間之前都是過去，一瞬間之後就是未來，過去已死，未來即生，我們真正活著的時候，只有「當下」。誕生，活著，死去，每一瞬間緊密連結在一起，每一瞬間都重複生死，這就是人的一生。

換言之，我們所活著的現在只有一瞬間，這一瞬間不斷地重複相連，就構成人的一生。

所以，執著於過去並沒有任何意義。期待未來，或是恐懼未來也是無濟於事。禪宗告訴我們，人只能或在當下這個瞬間活著。

聽起來，這個想法似乎相當嚴苛。但換個想法，**原來我們不必活在過去與未來，只要活在當下就好**。這麼想，是不是感覺豁然開朗許多？

聽說某位著名的禪僧每天晚上都會舉辦完自己的喪禮才去睡覺。這個行為顯現出他的想法：今天一天已經結束了，過去的事再也無法挽回，一切都結束了，而自己也已做了最大的努力，不需要再有任何執著與留戀。

你每天都能對自己說，今天我已盡一切努力，完全沒白活，然後專心致志地過完每一天嗎？你能對自己說，即使今天晚上舉辦自己的喪事也不後悔，然後用盡全力地活著嗎？

我們的力量影響所及的範圍只有當下一瞬。

這一瞬間如此寶貴，若把自己的力量消耗在於事無補的過去，不是太可惜了嗎？你只要當下集中精神做自己該做的事，這個「當下」一定會創造出令你滿意的未來。好的因緣會因為你的努力，不斷延續下去。

全力以赴地活在當下，創造出一個「令自己滿意」的人生吧。我相信你也想這麼做，是吧？

用盡全力，
活在當下的每一瞬間。

氣自己 Q5

無法從失敗中站起來 無法停止氣自己

大家都有過這樣的經驗吧：犯下一個後悔莫及的大失敗，不停地責怪自己，而且後悔到睡不著覺。然後，滿腦子不斷縈繞這些想法：

「為什麼我會做出這麼丟臉的事。」

「我犯下了一個無法挽救的錯誤。」

很氣自己，甚至止不住淚水。

但請注意，對自己生氣，受傷害最大的就是自己。其實沒什麼好擔心的，從古至今沒有一個人從未失敗過。而且每個人都有一兩件恨不得抹消掉、令人覺得羞恥的過去。

即使重重跌了一跤，只要活下去，總有一天能以另一種形式扳回一城。

「因為有那次的失敗，才有今天的自己。」

成就大事的人回首自己過去的人生時，時常會說出這句話。建議你也可以用這種態度來看待失敗。

失敗越大，從中學習到的經驗越寶貴。犯下嚴重失敗的同時，你就累積了更多寶貴經驗，知道下次該做什麼改變才會成功。

但是，當你深陷在憤怒和自責的折磨之中，這時候再怎麼勉強自己掙脫情緒的枷鎖，往往只是徒然。當你越著急地想：「這樣下去不行。」腦中越是一片空白，無法解決事情，甚至有放棄一切的念頭。

遇到這樣的情形，請先大大地深呼吸一口氣，然後回想這句禪語：

「一志不退」。

這是道元禪師的著作《正法眼藏》中的一句話。意思是，一旦立志，絕不打退堂鼓，持續前進。禪師要我們立志之後就堅持下去，最後一定能走出一片康莊大道。

我能理解許多人恨不得時光倒轉，想再重來一次的心情。但是過去已無法改變，我們只能接受現狀。

即使現在無法立刻重振旗鼓，只要沒有失去志向和希望，總有一天可以重新站起來，繼續往前邁進。

當你東山再起時，過去的失敗就成了最寶貴的教訓。除此之外，過去遭遇的挫折也會使你成為更懂得替別人著想，更有深度的人，散發獨特的個人魅力。

你覺得自己真的很不中用，很丟臉，那就痛痛快快地大哭一場吧。心靈經過眼淚洗滌後，或許就能拭去眼鏡（譯註：雙關語，日文的眼鏡〔めがね〕，同時也有判斷能力的意思）上因為後悔和不甘而起的霧氣。

負面的事情總有一天會轉為正面。因此，碰到負面的事情，就把它當作是上天給予我們的試煉，接受它，然後努力把它轉為正面。

失敗就是「成長的機會」。當你堅持不讓失敗以失敗作結，最後一定會有好結果回報。

想要改變未來，請堅定志向，全心全意朝目標前進吧。

「有過去的失敗，才有現在的我。」
選擇一個能讓你抬頭挺胸
說出這句話的生活態度。

Q6 氣自己

報復過之後，不但沒有一吐怨氣反而積怨更深

受到攻擊，立刻反擊。遭到抱怨，立刻回嘴。

有些人會像這樣，當面和對方起爭執。哪知道這麼做不但沒有一吐怨氣，怨恨反而越來越加深。

結果，就是此後成天腦袋中想的都是「下次怎麼樣講贏對方」，自己應盡的義務卻任由怠惰荒廢。

這真是太可惜了。與其有時間做這種事，不如趕緊專心做眼下該做的事。

「無常迅速，慎勿放逸。」

意思是時間轉眼間就過去了，我們必須謹慎、有節度地運用身心的能力，珍惜每一瞬間，用心過好每一刻。

為了一丁點自尊心，成天想著怎麼報復對方的人，他的人生能過得多采多姿嗎？成天活在過去的人，未來能成就什麼大事嗎？

走到人生最後一刻，才發覺自己過去由於一時的情緒浪費了許多時間的時候，為時已晚。老是把過去的事情拉進腦中思考的人，永遠無法活在「現在」。

「錯在他不在我，下次我一定要贏過他，給他好看。」「他傷害我，我要報復。」假使滿腦子都被制約在這樣的思考中，只會在同一件事上原地打轉，我們應該趕緊認清這個事實。

看看其他動物吧。只要牠們吃飽了，即使在牠們眼前堆滿許多好吃的食物，牠們就不會吃。但人不一樣：「啊啊，肚子好撐，好難受。可是，這個看起來好好吃，再吃一點吧。」一邊摸著難受的肚子，一邊繼續吃。

人的身體受頭腦的判斷支配，根本沒有發現自己真正需要的東西是什麼。

脫離制約，朝自己選擇的道路前進吧。別人是別人，自己是自己。不管誰攻擊你，你只需在心中想：「我走我的路。」悠悠漫步前行即可。

受禪宗影響，集茶道之大成的千利休（譯註：1522-1591，著名的茶道宗師，被日本人尊為「茶聖」），把茶的精神用「和敬清寂」這四個字表現。

和：與人、自然和諧相處，不衝突。

敬：尊敬一切事物。

清：一塵不染的清淨心。

寂：不為煩惱所困，保持平靜、沉著的心。

意思是，要與人、自然和諧共處，互相認同、尊敬，放開雜念，心不受任何事情動搖。這四個字可以說是最適合用在人際關係上的一句座右銘。

說了這麼多，先讓我們轉換一下心情。用比平常喝的再上等一點的茶葉泡一壺好茶，好好玩味這句話的含意吧。

提醒自己，
時間稍縱即逝。

氣自己 Q7

即使下定決心「今天絕不生氣」還是忍不住發火了，日復一日地後悔……

你是否曾遇過以下狀況：明明下決心「今天開始要洗心革面」，結果還是為了一點微不足道的小事發火，歇斯底里地怒罵別人。罵人時因為情緒逐漸高漲，結果不小心說出了一句不可挽回的話，和對方的關係陷入谷底。

不僅如此，大家私底下對你的風評變成「那傢伙ＥＱ很低」，你這麼想著：身邊的人都開始疏遠我……

到了這個地步，再長吁短嘆地想：「啊啊，我真是沒用的人。」為時已晚。因為話畢竟由自己說出去，責任只能由自己扛。接下來能做的，就是接受現狀，從頭開始努力，期許自己未來能成為「不生氣的人」。

但要注意，不要太過自責，也不要因為和別人比較變得失魂落魄。自卑和罪惡感會讓人心情鬱悶，並墮入負面螺旋。真的想改變的話，就必須接受眼下難堪的自己，然後在未來的行動中做出改變。

即使想破頭：「應該這麼做、那麼做。」若實際行動上沒有任何改變，就無法成為「理想的自己」。假使你真的下定決心：「我要變成不生氣的人。」就先從本書介紹的許多方法中挑一個試試，然後持續貫徹。

怒從中來的時候，先深呼吸在心中默念三次「忍耐」。

早上起床，出門健走。

平時注意自己的舉止動作是否優雅。

先挑幾個你覺得「做得來」的方法開始，老老實實、按部就班地持續一陣子試試看。

短期內或許不會發生什麼變化，但是，直到某天一定會出現一個轉折點。你會發現，即使當你面對過去總忍不住回敬對方粗魯言詞的場面時，已經變得可以控制住自己的情緒，一心不亂。若能到這個境界，就恭喜你了。

接下來，請別忘記這份感覺，並持續地磨練它，讓自己時常處於平靜的狀態。到了這個境界，你會覺得自己以前怎麼動不動就為了小事發火，實在很愚昧。

不斷精進的結果，有天你會突然開悟，這就是我們說的「頓悟」。

頓悟可能發生在任何人身上。古時候曾經有一位禪僧認為自己大概這輩子都不可能頓悟，但他依然勤奮打掃。有一天，他的掃把掃起一顆小石子飛起撞到竹子發出鏗鏘一聲時，他忽然頓悟了。

所以，重點在於每天持續努力。

若散漫地活著，永遠都不可能頓悟。

假使你現在正浪費時間在指責自己和追悔莫及上面，我建議立刻把那段時間拿來做別的事情。同樣的時間要利用在使自己成長上面，或是浪費在無用的事情上，端賴你一念之間的決定。

或許要不了幾個月，你就會「頓悟」了。但可以肯定的是，你的努力絕對不會白費。

持續努力下去，
總有一天會出現轉折。

氣家人以及身邊的人 Q1

把壓力發洩在家人身上使家裡的氣氛陷入谷底？

出門在外或在公司發生許多事導致心情不悅。回到家，因為一件無關緊要的小事對家人破口大罵、吵架。你心裡的不滿越演越烈，把門用力甩上、亂摔東西，家裡充滿令人恐懼的聲響。家人擔心上前關懷慰問，卻被你潑冷水：「別管我！」

把怒氣發洩在家人身上的人，最後漸漸會變成「只敢對家人發脾氣的人」。對當事人來說，這麼做或許能「消氣」，但對於接受當事人憤怒、壓力，無辜遭殃的家人來說，實在很難受。

家庭原來是可以讓人放鬆做自己，停泊心靈的地方。而家人原本應該是抱著感恩的心相互支持，是最讓人安心的存在。把壓力發洩在家裡就算了，但絕不能傷了家人的心。

然而這些在家裡容易大發脾氣的人，通常是職場中或朋友眼中的「好人」。當他們走出大門後，就不是再是原本的自己，而開始扮演起「好人」，也難怪外界對他們的評價特別高。

別人對他們說：「這件事交給你囉。」他們就會乖乖答應：「好。」即使心有不滿，依舊笑臉回應。明明心底嘀咕著：「為什麼每次都是我？」「真討厭。」實際上卻一副不敢怠慢的樣子，笑嘻嘻地去做，所以能得到「好人」的評價。

但這樣的行為只會不斷累積自己的挫折感。

他們或許心想：「反正忍耐一下就過了，為了增進人際關係，忍一下又何妨？」但這「忍耐一下」會漸漸成為習慣。當這些不滿越積越多，總有一天會爆發出來。

這些平時對待外人比對待自己人好的人，內心「讓大家看到我好的一面」、「讓大家以為我很厲害」的想法比一般人強烈。

但正是這樣的思考束縛了他們，讓他們變得欲求不滿。

若沒有養成當場把意見說出來的習慣，家裡的氛圍只會越弄越糟，漸漸地充滿暴戾之氣。

想說ＮＯ的時候，或對他人的言行舉止感覺不舒服的時候，請直率地傳達你的想法吧。

「今天剛好沒空，下次吧。」

「你找別人比較好吧，我做不來。」

試著當場誠實說出自己的感受，你會發現對方大多會爽快接受：「是喔，好吧」、「說的也是」。

遵照自己信念過活的人，能贏得別人的敬佩。看到這裡，你以後還會繼續在意別人的眼光嗎？「我要是這麼說，他會怎麼想？」「要是拒絕他，他會不會討厭我？」……家人的笑臉是否會蒙上一層灰，關鍵就在於你這一瞬間的猶豫。

不要因為事小而忍耐，
當場把自己的感受說出來。

氣家人以及身邊的人 Q2

和小孩說話容易情緒失控發飆？

管教小孩是作為父母親重要的職責之一。做父母的必須費心思考如何正確的指責小孩。

父母親如何管教小孩，其實從小孩的表情就能看得出來。動不動就被父母亂罵一通的小孩，不時會露出觀察大人臉色的怯懦眼神。

我曾在超市或車站前看到父母緊抓著抽泣著的小孩的手，激動大喊：「為什麼不聽媽媽的話！」「我要把你丟在這裡了喔！」

對父母來說，罵小孩是為了小孩好，但他們表現出來的樣子，卻像是把小孩當成自己情緒宣洩的出口。

下次指責小孩時，仔細注意自己的表情和聲音，有沒有皺眉頭？語氣是不是比較粗暴？

若改不了對小孩說話時暴躁的脾氣，我建議你暫時離開現場，做幾個深呼吸，或先去做其他事情，轉換心情，等情緒穩定下來，要罵，這時候再來罵也不遲。

說到罵小孩這件事，最近，我發現另一個極端的情況。

最近看到許多年輕人的舉止，不禁讓人懷疑，他們是不是小時候從未被人指責過直到長大成人？因為，越來越多年輕人犯錯被指謫時，不肯老老實實地道歉。

從他們的表情和動作看來，他們自己也知道不道歉是不對的，但就是說不出「對不起」三個字。我猜想他們無法誠心道歉的原因，是因為從小在沒挨過大人罵的環境中長大吧？

雖然不能一概而論，但我聽說最近的學校、幼稚園、托兒所裡面的老師都不大會嚴格指導學生或兒童，只有當小孩惹出大麻煩才會指責，其他的小事則是睜一隻眼閉一隻眼。讓人不禁覺得這些老師的心態似乎過於消極，有一種多一事不如少一事的感覺。

我認為家庭應該為小孩的人格形成負起最大的責任。不能做的事就是不能做。父母親遇到這種場面，應該毅然決然地指正小孩的錯誤。若因為「小孩好可憐」、「怕小孩討厭我」這些理由對小孩唯命是從，小孩子就錯失反省自己行為的機會。

想要指責小孩卻又不至於情緒失控，平常就要經營家庭的氣氛，維持圓滑的親子關係。我認為和家人在餐桌上一起吃飯是最快最有效的方法。

吃飯，是家人之間重要的交流時間。大家看著對方的臉，互相報告這一天發生的事情，父母親可以掌握小孩的最新動態，小孩也因為有人聽他說話獲得心理上的滿足。

現在的小孩下課後要去上補習班、跑社團、學才藝，比大人還忙，家人相聚的機會減少很多。因此，我建議全家至少一個禮拜要聚在一起吃一次飯。在一家團圓的氣氛中，小孩子才有可能健康地長大。

一個禮拜全家至少團聚吃一頓飯，
好好交流一下。

Q3 氣家人以及身邊的人

和丈夫的意見不合，老是吵架

夫妻之間能不吵架當然最好。

但夫妻會吵架，說到底還是因為關心對方，希望改善雙方的關係，所以才吵架。假使其中一方根本不關心對方，心裡想的應該是：「和這個人說話簡直就是浪費時間。」選擇忽視而不是吵架。有句話說「越吵感情越好」，這句話或許道出了一部分事實。

可是，既然要改善兩人的關係，為什麼還要互相怒罵對方，否定對方的人格，陷入情緒激動的「戰鬥狀態」呢？

那是因為我們心中有執念，想要控制他人照自己的劇本走，證明自己是對的。換句話說，我們對於贏過別人這件事，有很強的執著。

有人會說：「不，我根本不想吵架，明明是就是他的態度太惡劣。」但我猜這個人生氣的原因在於對方不照著他的期望行動。所以追根究柢，還是他內心想控制別人的執著在作祟。

夫妻吵架有一個特徵，就是旁人看來都是一些芝麻綠豆大的事情，他們卻吵得很兇。這也是由於執著心太強，雙方都為了證明自己是對的，所以才越吵越兇。

不只是夫妻，人只要有想贏過對方的念頭，就絕對無法建構出圓融的人際關係。特別是相伴一生的伴侶若互爭輸贏的話，那麼家中就永無安寧之日。

但換個角度想，若我們為了配合對方，放棄自己的意見，也會因為不能做自己，有一種受箝制的感覺。但相對地，就算真的爭贏對方，心情舒坦的也只有自己。不管哪個結果，下場都是爆發累積已久的壓力，造成無法挽救的局面。

任何一對夫婦都不可能擁有百分之百契合的價值觀。

因此首要之務就是**先承認彼此的不同**。

將「愛語」放在心上，以「利他」的精神對待對方。

所謂的愛語，如同我在「不生氣的生活之14」中所說的「慢走，請小心。」「辛苦你了。」「謝謝你的幫忙。」等等充滿慈愛的話語。這些日常生活中的對話，我們從早到晚都有機會對別人說。但是同樣的話，若說出來的時候加點真情和體貼，傳達給人的感覺將完全不同。

若希望糾正對方時，可以開頭先說：「不好意思，我有一個請求。」光靠這句話，對方的態度可能就會有一百八十度的改變。

所謂的「利他」，就是做有利於他人的事。換言之，以他人的考量為優先而行動。若任由兩邊的利己心相互碰撞，很難產生共識。因為不只你希望別人能理解自己，對方也是。

捨棄利己心，一味地替對方著想，其結果就是對方也會捨棄自己，為你著想。替別人著想的心非常尊貴，而且能培養出溫暖的人際關係。你的人生伴侶是你最親近的人，所以更應該把慈悲心傾注在他身上，是吧？

捨棄
「我想贏過對方」
的想法。

與鄰居發生糾紛，關係交惡

鄰居交惡的機會很多，從生活噪音、丟垃圾的方式，到盆栽的擺放位置或傳閱板（譯註：社區之間互相傳遞訊息的資料，包括政令宣導、交流活動、聯絡事項等）的傳遞順序等無所不在。比如說，「受不了別家小孩子的嘻鬧聲和腳步聲」、「受不了隔壁拍打棉被的聲音」、「隔壁的人家堆滿垃圾發出惡臭」等等，各位讀者的鄰居是不是也埋下不少引發爭端的「火種」呢？

引發糾紛最大的原因在於「社區體制的崩壞」。在過去，街坊鄰居之間的情感交流非常緊密，但現在像這樣的交流幾乎消失殆盡。

直到日本經歷了人稱「一億總中流」（譯註：一九七〇年代，日本人口達一億，繁榮的經濟成長使大多數國民都認為自己屬於「中產階級」的一份子）的高度經濟成長期為止，除了一些家境特殊的家庭，不管是都市、農漁村、每個市民都擁有相同的收入、相同的待遇，度過差異不大的人生。反觀現今，收入、價值觀、生活型態變得多樣化，即使住在同一區域，每個家庭的生活樣貌也可能天差地別。

有這麼多不同生活風格的人聚在一起，即使有自治會或地方性的節慶活動，也很難像以前一樣形成一個團結的組織，發展緊密的交流。

假使平時就互相了解對方的習性，即使偶爾發生小小的不愉快，大家也會替對方找理由：「算了，他就是這個樣子」、「或許他也有他的難處」。或者，雙方直接見面談清楚：「上次那件事，真對不起。」「不，我也有不對的地方。」藉此平息不必要的糾紛。

倘若雙方一旦發生齟齬，需要花很長的時間才能修復關係。有時甚至冷戰好幾年都無法平息。

所以，平時就要多增加與鄰居打照面的機會。

和鄰居相處的秘訣在於，找出共通的話題。運動、興趣、美食，什麼話題都可以。只要找到對方和自己興趣一致的事物，就是很好的突破點，接著再逐漸加深彼此之間的交情。最好能在對方需要幫助的時候提供協助，必定能大大增進彼此之間的信任。

但若糾紛已發生，那麼在採取任何行動之前，必須先告訴自己：對方和自己的價值觀不一樣。

同一條狗，有人看了覺得「可愛」，有人覺得「可怕」。

某戶人家種在庭院的樹，樹枝伸到隔壁街家的用地去了，對方來抱怨，屋主只好把它切斷。沒想到幾天後，另一戶人家卻抱怨道：「我本來期待會有小鳥飛來停在那根樹枝上……」

常言道，顧此失彼。同一件事情，有些人覺得愉快，也有人不能接受。

突然要人改變價值觀或思考方式確實是強人所難。所以，至少我們的言行舉止不要帶給他人不快。

特別是爭吵過後，必須把前面提過的「愛語」放在心上，找機會說出口。仔細聽對方說話，並且有禮貌的回應。假使你自認自己已經仁至義盡，卻還是無法收拾場面，那就和對方保持距離。與其做出不合自己身分的言行舉止，和對方保持距離也是ＯＫ的。

以價值觀不同為前提，
有禮貌地交談。

氣家人以及身邊的人 Q5

店員的態度教人一肚子火 忍不住教訓起他來？

我是客人耶，我可是付錢的人耶……

自己明明「地位比較高」，卻還要接受這種態度，怒從中來，忍不住把店員教訓一頓。各位是不是也遇過這樣的狀況呢？

這種情況和前面提過的，把不滿的情緒發洩在家人身上的案例一樣，表面上有很多理由，但實際原因是他們把比自己立場弱小的人做為宣洩壓力的出口。

或許，有人會說，我並沒有這樣的想法。

但是，請大家捫心自問，你平常會不會因為自己在社會上的立場、地位、職位而改變自己的態度呢？

明明對客戶總是堆滿笑容，但看到業者送貨來時，卻正眼也不瞧人家一眼。在家中老是擺一副苦瓜臉，但一看到隔壁太太，就殷勤地問候。

若有這種情況發生，你面對的不是「對方的本性」，你來往的對象只不過是那人「暫時的職位與立場」而已。

人出生在這個世界上，皆擁有高貴的佛性。沒有「上下」、「高低」之分。

道元禪師在《典座經典》中這麼說：

「既無耽著。」

這句話是在描述處理食材時的心理狀態。意思是，無論在處理難以取得的珍貴食材，或是利用普通的食材製作一般的菜餚，我們必須同樣用心。若因為食材高級而殷切期待，或因為食材普通而潦草應付，這都是背後有執著心在作祟，所以無法看見食材的生命及其本性。

一個人的地位和職位都只是暫時以及附帶的表象而已。

除掉這些不看，每個人都是努力走在人生這條道路上的芸芸眾生。在擁有幾十億人口的地球上，大家有緣分相聚在一起，那怕只有短暫的一刻，我們都應該彼此互相抱持敬意，互相尊重才對，不是嗎？

特別是當你地位崇高、位居高職時，更應該把這個道理銘記於心。在社會上地位越高的人，面對「弱勢者」應更為謙卑，虛心待之。這點很重要。

獲得較高地位與名望的人，常常會產生自己比別人偉大的錯覺。但那都只是一時的現象。當人獲得更高的職位，或因工作受肯定而獲得更高的收入時，人格常常會急速發生轉變，這就是陷入妄想的症狀。**無論一個人被賦予多大的權力，被周圍的人吹捧的多高，他的自性並沒有改變。**

假使在日常生活中累積許多不滿與憤怒，其實不需要找人發洩出氣，還有許多別的方法可以消除壓力。我們平時遇見的每個人，都是一同走在人生這段修行道路上的同伴，所以對待任何人，都應秉持真心誠意。這也是非常重要的修行之一。

當自己處於優勢立場時，
越應以謙虛的心待人。

氣家人以及身邊的人 Q6

在車站月台與人擦撞，被臭罵了一頓 明明對方也有錯……

日本上班尖峰時刻的壅塞情況十分驚人，這個現象甚至登上國外的媒體。在車站這麼狹小的空間中，在某段特定的時間內，一大群人蜂擁而入，大家都急著朝向自己的目的地前進，期間難免會擦撞到別人。萬一遇到這種情況，一般來說，只要點頭道歉說：「對不起。」大多相安無事。

但也有可能被撞的人會怒氣沖沖地罵道：「眼睛長在哪裡啊！給我小心一點！」遇到這種情況，通常只要不理他，事情也就這樣過去了。

但是，當人心情不好的時候，有時會想當場回嘴：「搞什麼，你才要小心一點！」就算不回嘴，不愉快的心情一直悶在心裡，還是會忍不住在其他場面發洩出來。

面對這種情況，我希望大家可以想起「互相體諒」這句話。

「互相體諒」是日本人在摩肩接踵的狹小國土中磨練出來的智慧。大家只要回想起這個智慧，我相信那些新聞媒體時常報導的，在車站或鬧區引起的紛爭就會大幅減少。

但現況是，很多人的內心經常焦躁不已。所以大家都抱著「人若犯我，我必奉還」的心態，動不動就為了一點小事大發雷霆，使得社會上到處充斥著肅殺之氣。

最好的情況，是無論周遭的環境多麼混亂，或遭遇到任何粗暴的言行舉止，你的心仍能不受外在影響，繼續過生活。

下次走在街上時，想像自己是一朵蓮花。

在佛教，蓮花象徵佛陀的教誨，非常受到珍視。蓮花台就是仿照蓮花的模樣所做。

蓮花生長的環境並非在清水，而是污泥。

即使如此，蓮花依然能不沾一點污泥，伸展花芽，開出高雅的花朵。

「蓮花出淤泥而不染。」

只要磨練自己的佛性，在任何環境都能不受影響，以沉穩的心開出心中的花朵。

其實我們可以換個想法：擦撞到人卻無法直率說出「對不起」的人，心中到底累積了多少壓力呢？只要這麼想，即使對方破口大罵，我們心裡也會覺得：「這人情緒好激動。」「他好可憐。」

釋迦牟尼佛圓寂時，留給弟子一句話：「以自己為燈，以佛法為燈，指引明路。」

意思是，我們不應依靠釋迦牟尼佛或其他偉大的人物，而必須以佛陀的教誨與自己本身作為「明燈」，在黑暗的世間中求生存。

以自己為明燈，任何時候都能自己照亮自己的內心。不僅如此，還能一同照亮你的四周。假使你的明燈能照亮對你生氣的人，不也是美事一樁？

像在污泥中綻放的蓮花一樣，
高雅地活在世間。

Q7 身邊的人以及家人氣

在電車等公共場所看到不守規矩的人火氣就來了

根據某團體調查，坐電車時最令人感到不悅的行為依序是「大聲說話」、「坐座位無秩序」、「使用手機」、「耳罩式耳機外洩的聲音」、「上下車時的禮儀」。除此之外，還包括「丟棄垃圾和空罐」、「坐在車廂內的地板上」、「在車內化妝」等等。只要是搭電車上班的人，幾乎每天都會遭遇到這些景象。對坐電車通勤的人來說，電車內幾乎可算是生活空間的一部分。應該有不少人每天都會在這裡面碰到令人不悅的狀況，累積不少怨氣吧。

不僅在電車內，在其他公共場所我們也可以常看到許多不合禮儀的行為。像是在禁止私語的圖書館內聊天、或小孩在百貨公司、餐廳等處四處嬉鬧，父母卻毫不制止……

我們都應該好好反省，自己是不是曾帶給別人不快而不自覺。

接下來，我們來談談若遇到不遵守禮儀的人時，應該怎麼辦？

面對別人不守秩序的場面，若處理不好一不小心就會演變成危險事件，一定要小心。我認為，倘若你看到魯莽的人，做出造成別人困擾的行為時，先不要大動肝火，要平心靜氣地指出他的錯誤，才不會變成自己的壓力。

但要注意的，是真心誠意的使用「愛語」勸戒對方，這麼一來對方應該也會坦率接受。

若是我，會這麼說：

「這個行為在旁邊的人看來不怎麼美（好看），最好不要做喔。」

「若你能再小聲一點，我會覺得更美。」

沒有人討厭「美」這個字。

每個人都喜歡看起來美美的，經別人這麼一提醒，應該都會恍然大悟，反省自己的行為。

當然你也可以直接說：「你造成我的困擾了，停止你的行為。」

可是，這麼一來雙方可能會開始主張自己的權利：「不、我沒有造成別人的困擾。」「不、你造成我的困擾。」演變成不可收拾的局面。

特別是在電車座位上化妝、吃東西的人，「我又沒造成別人的困擾」的意識特別強烈。

我幾乎可以預見他們的說詞：我又沒有佔兩人份的座位，也沒有亂丟垃圾，我付了錢，而且安靜地待在自己的座位上，要做什麼是我的自由吧。

但我認為這些人一定也希望自己變得更美。

「你現在做的行為，美嗎？」

即使是不愛聽勸的人被這麼一問，應該也會稍微反省才是。

當然，希望你也能拿這句話問自己。不管面對任何心煩意亂的時刻，我們都應該約束自己，讓自己成為「美美的人」。

平心靜氣地向對方指出：
「這麼做不美（好看）喲。」

工作上的怒氣 Q1

好康的工作都被競爭對手搶走了真不甘心！

我們常說誰是誰的「好對手」。如字面上的意思，互相求進步的競爭關係確實能帶給人很大的成長。

在切磋琢磨中，互相激盪出火花，造就亮麗的成果。而這份成果又將帶動下一次的競爭。當對手做出好業績時，我們內心會湧起鬥志：「好！下次我要贏過他。」若能遇到這樣的人，必能加深我們的人生體驗，帶來喜悅。

但這裡有一個陷阱必須小心，那就是把超越對手變成主要目的。因為這麼一來，當你超越對手之後，就等於失去目標，甚至會有一種茫然感：「我至今所做的努力到底為了什麼？」

追根究柢，你並非努力投入在自己的工作上，而是執著於贏過對手。當你執著於勝負，就永遠無法得到解脫。

當然，心裡產生「想做出成績」和「不甘心」的想法並不是壞事，代表你有上進心。但是，若把自己應做的事情擺在一旁，把時間花在羨慕對手的幸運，或是想辦法扯對方後腿，不僅永遠無法超越對手，更別提達到滿意的成果。

當對手正風光，而自己走在陰暗處時，這時候更應該把心思放在自己的工作上，腳踏實地努力。

「隨處作主，立處皆真」。

意思是，在任何地方，都要當自己身心的主人，如此一來，所立之處都能活得真實。

「為什麼老是被交辦一些我不想做的工作？」

當你內心產生這樣的想法時，請回想這句禪語。

只要你認為自己是「被逼著去做」，內心一定是充滿冷嘲熱諷，而且是以被動的姿態工作。想當然爾，這樣的工作態度絕對不會有亮眼的表現，而且上司和同事看到你工作時悶悶不樂的樣子，對你的評價也不會高到哪裡去。

相對的，假使你把被交付的工作看作是「一次機會」，積極主動看待它，事情就完全不同。即使被吩咐去倒茶水或影印等雜事，也會用積極的態度設想，怎麼好好利用這次的機會做出亮眼的表現。

其實任何工作都能下工夫做出自己的特色。例如，被交付影印工作的時候，可以把文件分類，用不同顏色的迴紋針夾好，讓人一目瞭然。泡茶也可以泡出不同的味道，或是先把茶杯溫熱，注意熱水的溫度等等……能下功夫的細節不勝枚舉。

像這樣花心思把事情做好，不僅使工作變得有趣，腦中還會不斷湧現出新的點子。當你在工作細節上處處表現出自己和個性，最後一定能展現出乎意料的工作成果。

主管看到你這種工作態度，應該會想：「這傢伙真有意思，下次給他做別的工作試試看好了。」

即使你身邊沒有這樣的伯樂，也一定會出現在其他地方，總有一天你的價值終究能獲得賞識。

把任何一件工作都當作一次機會，
並加入個人的巧思。

工作上的怒氣 Q2

明明自己有重要的約，卻因為急件必須加班氣死人了！

這天是期待已久的演唱會。為了怕這天加班，好幾天前就先把工作告一個段落，等時間一到就打算立刻下班。但沒想到這天下午，上司突然指示你：「不好意思，這有點趕，明天能交給我嗎？」假使遇到這種情況你會怎麼做？

若你的職場風氣能允許你坦率地回答：「什麼?!可是我今天有很重要的事耶！」或是：「我今天要去聽演唱會，不能加班。」那就沒有問題。但若你的上司是大權在握型的主管，或在異常忙碌的職場上班，應該很難當面拒絕吧。

相對的，若回答：「我知道了。」然後硬逼自己加班，怒氣只會越積越多，並永遠對那一天的事耿耿於懷。

首先，我們能做的，就是盡量不要加班，先朝這個方向處理。

說不定這件工作明天再來處理也來得及。又或者隔天早上早點進公司，在上班時間前就能處理好。甚至，可以拜託別人處理。你可以直接表明自己有重要的約會，所以「能不能改明天？」、「能不能找別人代替？」不要硬逼自己從「斷然拒絕」和「忍耐接受」兩種方法中擇一，你可以找一個能夠同時滿足自己和對方期望的方法。

這種時候最忌諱用不三不四的態度回應：「哪有今天叫人家加班的啦！」這麼一來上司也會發火反擊：「怎樣，不喜歡這工作是嗎？」

同樣有求於人，會因為你的說話方式帶給對方完全不同的印象。

你可以說：「我很早之前就買了今天演唱會的票，明天我有空處理，可以明天再做嗎？」「今天晚上我有約，明天中午前交給你可以嗎？可以的話，我會負責任地把它做完。」「我今天真的沒辦法，如果你能找別人代替，我會很感激。」

不需太過卑微或退縮。說話前先深呼吸，直截了當地詢問。我猜多數時候，上司會爽快地回答：「明天中午以前完成就好了」、「那我拜託○○○好了」。

接著你再補一句：「這次真對不起，下次我一定會接下。」上司應該會欣然接受。

假設最後還是得留下來加班，最好是在你已經清楚傳達自己的狀況，並用盡各種方法爭取過後，不得已才加班，這樣你才會死心：「唉，沒辦法。」同時讓上司知道，是他強迫你要加班，而不是你心甘情願。

「好吧，我這次就接下了。但下次我會以我先排好的行程為優先喔。」你可以把話先說在前頭，下次就不會發生同樣的狀況。**無論結果為何，因為你已經把「想說的事情說出口」，心裡會產生滿足感，之後壓力也不會累積在心裡。**

只要稍微改變想法，或是稍微鼓起勇氣，就能在同樣的狀況下採取不同的行動。甩開「別人會怎麼想」這個枷鎖，以最自然的態度待人接物即可。不要流於一時的情緒，只要找出自己能接受的路，最後一定能得到相應的結果。

不要強忍，坦率傳達自己的狀況，
尋找最佳的解決方法。

工作上的怒氣Q3

熬夜多天完成的企畫書被退回我快氣炸了！

投注龐大精力完成的工作卻沒得到讚賞時，當下的打擊一定非常大。畢竟是自己花了大量的時間與精力用心完成的工作，被打回票時，腦中會充滿疑問，心裡則不斷湧現出憤怒和悔恨的情緒。

其實只要冷靜地思考，你就會了解，被否定的是工作本身，而不是你自己。

「這東西不行」、「這工作你不是做好多年了？」像這樣，傾注全力完成的企畫書被打回票時，一般人的內心都會反射性地產生負面情感，感覺連同自己的存在都一併遭到否認似的。

很會帶人的上司在指出下屬的缺失時，一定會明確地說出「被退回的理由」以及

「應改善的地方」。同時，認同下屬在這份工作上所投注的努力，並說幾句慰勞的話，像是：「可以看得出你真的很努力。」

但實際上，能擁有這種上司的幸運兒是少數中的少數。由於上司也有自己的業績壓力，他們每天都處在壓力這麼大的環境下工作，要求他們必須注意這些細節上的應對，確實也太過嚴苛。

我們不能因為每次在工作上被上司否定，就產生自一個錯覺，認為自己全盤遭到否定，這樣永遠無法成長。我們必須培養客觀理解事情的習慣，並想一想要用什麼方法將心念由負轉正。

任何工作都不會百分之百無用。

比如說，一件工作有七成被打回票，代表還有三成獲得認可。所以接下來應該思考的是，如何活用受認可的三成，以及改進被打回票的七成，增加正向思考的可能性。

如此一來，「被打回票的企畫書」就會搖身一變成為「有機會變得更好的企畫書」。

這就是將心念由負轉正的方法。

將心念由負轉正的過程只能靠自己。最快的方法，是直接向打回票的上司問：「請問我哪裡做不好？」「請問該怎麼改正？」當然上司也有可能回答：「這麼簡單的事自己不會想？」但重點是，你必須以謙虛的態度詢問。

只要知道原因，剩下地就是好好地改善。為了改善企畫書的內容，你只要再度專心投入工作就好，這過程不會產生壓力。

假使上司不肯清楚指明應修改之處，你可以請教可信賴的同伴或同事。有時候聽聽一些和工作無關的朋友給的建議也不錯，說不定還會因此恍然大悟，得到寶貴的靈感。

如果每次遇到不如預期的結果，就當作失敗解釋，等於關閉成長的大門，好不容易累積至今的成果也都化為烏有。但若能將失敗看作經驗，客觀地反省，你會發現這裡面暗藏許多能幫助你下次成功的情報在裡頭。

與其發火頂撞上司，或失去自信，情緒低落，不如昂首向前，邁出腳步，迎接光明的未來。

想一想怎麼做，
才能將念頭由負轉正？

工作上的怒氣 Q4

聽到同事和上司的無心之言很受傷 每每想起就教人生氣

不懂別人痛苦的人、神經大條的人、和自己不對頭的人……每個職場都一定會出現一、兩個這類的人。

當這些人對你說出令人不快的言詞或無心之言時，你會當場明確地回敬他「你真沒禮貌」嗎？

若你能想開：「世界上什麼人都有。」告訴自己不要對神經大條的人太過認真，那就最好不過了。當然，若毅然決然地當下回嘴，雖然氣氛會弄得有些尷尬，但你心中不舒服的感覺應該可以獲得紓解。

最差的情況是第三種，當場沒有回嘴，事後又不斷回想：「哪有人這麼說話，真沒禮貌」、「看不起人嘛」，自己一個人生悶氣。重複回想只會不斷產生不愉快的感覺，讓自己再度受傷。

回想過去不愉快的回憶時，你的心就如同被禁錮在過去的時光。這時候的你無法活在「當下」這個寶貴的時刻，**就好像你的寶貴光陰硬生生地被「過去」奪走一樣。**

過去的事情已經過去，應該盡速放下。

活躍於幕末．明治時期的禪僧原坦山曾留下這麼一段軼事。

坦山和隨行的禪僧一起四處雲遊修行，兩人來到某條河川前，那條河川無橋可過，一位年輕女子呆立在原地，進退兩難。坦山對女子說：「我來抱妳過河吧。」說完便毫不猶豫地抱起女子渡河到對岸。女子向他道謝，坦山若無其事地又繼續往前走。

沒多久，隨行的和尚終於按耐不住，生氣地對坦山說：

「修行中人怎麼可以隨便抱女人呢？」

坦山訝異地說：「你還抱著她呀？我渡河之後就把她放下了。」然後大笑。

若能像坦山這樣把過去的事放下，似乎就能活得既自在又快樂。我們應學習坦山坦蕩的胸懷，讓不愉快的情緒放水流。

為了不讓不愉快的心情盤據心中，最好找到適當的方式發洩。當有人踩到你的地雷，或是你正一肚子火不知道怎麼表達你的憤怒時，可以試著將想說的話以半開玩笑的方式說出來，比如說：

「什麼⁉要是有人這麼說我，我應該會很火大喔。」

「這應該算是職權騷擾吧？」

「你說這種話會被別人排擠喔。」

能夠無動於衷地說出傷人的話的人，他們的感受性原本就和一般人不同，所以即使你說得再多也無濟於事，他們大概也不懂你的真意。但是，若能當場把心裡的話說出口，心中鬱悶應該可以減輕不少。

即使當場沒有把心裡話講出來，事後遇到他時，可以當作講笑話一般，重新提起：「那時候啊……」或許對方早已忘得一乾二淨了，但重要的是你要用語言把自己的心情傳達給對方。除此之外，平時要和這樣的人保持距離。這就是和神經大條的人交往的秘訣。

將生氣的事情
以半開玩笑的方式傳達給對方，
然後放下。

工作上的怒氣 Q5

討厭上司，連他的臉都不想看到他的任何一言一行都令我覺得不快

假使從明天起職場上只剩下自己喜歡的人，不必再和討厭的人打交道，大家覺得如何？工作的壓力應該會徹底地改善吧。沒錯，職場的人際關係就是這麼複雜，複雜到人人都受它擺弄，為之苦惱。

畢竟從小生長環境、想法都不同的一群人聚在一起，會發生摩擦、對人產生好惡也是人之常情。但對於討厭的人一舉手一投足都覺得礙眼，一整天的心情都會受到影響，在這樣的狀況下，根本無法好好工作。

明明初次見面時，對每個人的感覺就像一張白紙，為什麼一段時間後就開始產生好惡呢？

如同我之前所說，人是多面向的存在，沒有「百分之百的好人」，也沒有「百分

之百的壞人」。說到底，根本是我們根據自己的偏見和利害關係，捕捉到對方的其中一面，然後擅自貼上喜歡、討厭的標籤而已。

討厭一個人不僅使自己不愉快，對方也會感受到你的惡意，對你做出同等的評價。**你貼了別人一個標籤，結果反倒被這個標籤束縛，片面判斷：「我討厭這個人！」這就好像是你自己把職場環境弄得更糟糕一樣。**

先回到一開始沒有任何成見的時候吧，試著找出對方的優點。但並非這樣就結束了，還要實際說出口，稱讚對方。

例如，「今天這件襯衫的顏色好適合你喔」、「謝謝你給我這麼清楚的建議，我受益良多」、「你的聲音好有穿透力」。

不需要為了諂媚而說一些言不由衷的話。先從一些小地方開始，記得說的時候要露出笑容。沒有人被稱讚會心情不好的。有趣的是，過一陣子你會發現對方也會開始稱讚你。不知不覺，原本尷尬的氣氛便會消失無蹤。

還有一個好方法可以幫助你接觸討厭的人。

那就是主動大聲打招呼（挨拶）——在禪宗問答時，「挨拶」是指探究對方修行的境界的意思（譯註：「挨」有迫近之意，「拶」有逼迫之意，在禪宗「挨拶」是指藉由互相詢問，探究對方修行的境界。在日文中，「挨拶」則指打招呼）。

「挨拶」是雙方交流溝通的第一步。就由自己主動、開心地跨出那一步吧。

你覺得向討厭的上司大聲打招呼是一件困難的事情嗎？

其實這只需要數秒的工夫而已。當你下定決心「一天稱讚他一次」、「對他打招呼的聲音比公司任何人都大聲」之後，實行起來或許就像玩遊戲一樣有趣。

若能跳脫個人喜好，結果反而對自己有利。

禪語說，「悟無好惡」。遇到任何事物都選擇接受的話，就不會有好惡產生。

大家要不要試著朝這個境界邁進呢？

稱讚對方的優點。
大聲打招呼。

工作上的怒氣 Q6

提醒後輩不要再做一些不合宜的事情但他卻置之不理，真教人生氣

若一句話的主詞是「現在的年輕人」，後面出現的大概都是否定性的描述吧。比如最近我就常聽到下面這些對年輕人的批評。

跟他打招呼眼睛連看都不看我一眼；請假居然用寄 E-mail 告知；明明電話在響卻不去接；連敬語都不會說；抗壓性很低……

若說這幾年，年輕人有什麼共通的傾向，應該就是不懂得怎麼和別人相處吧。

例如，提醒他們哪裡做錯也沒有反應；有意見不說出口，不知道心裡在想什麼；稍微嚴厲地斥責一下，立刻就說不幹了……好像不管在哪個職場，都會遇到與年輕世代相處的問題。

但若實際與這些學生或年輕世代的人接觸後，往往可以看到他們的另一面。當然，

我不否認他們確實有前述這些問題，但我也看到很多年輕人在東日本大地震發生後，率先到現場當義工。他們為了別人，不辭勞苦、汗流浹背，積極地和他人來往。

假使你拘泥於「我們以前可不是這樣」、「出社會的人應該要這樣」等等心態看待他們，就有可能錯過他們的另一面。

當然，作為一個進入社會的人，一些不合宜的言行舉止確實需要被糾正，但是若劈頭就對他們痛罵：「我們這邊的規則應該是這樣」、「工作就應該這樣」，他們大概聽不進去。或許我們應該多花點心思，耐著性子解釋給他們聽才有效果。

我能理解很多人或許會覺得生氣：「為什麼旁人要替他們設想得那麼周到？」但是，若從培育人才的視點來看，與其用「應該怎麼做」來告誡他們，不如站在他們的立場教育他們才是上上之策。

依據每個人的成長時代、環境，以及教育程度的不同，對事物的看法可能南轅北轍。

仔細回想一下，我相信你的價值觀和你父母的價值觀應該也是相差甚遠。**與價值**

觀相差越大的人相處，越是磨練溝通能力的最佳機會。

不要被自己的倔強和自尊心束縛住了，認為什麼事情就「應該怎麼做」，這樣不僅無法原諒對方，連你自身也跟著受苦。

任何時候，我們的心都應保持融通無礙，優遊自在。所謂的融通無礙是指放下一切，心中無任何罣礙。

人家說「一樣米養百樣人」，每個人都有自己的特色。

只要用自由的心觀看，就能看見每個人的特色。我們不要去批評、臆測年輕人的想法，應該從旁協助鼓勵他們，引導他們發揮出自己的特色。

光是斥責、指出他們的錯誤，無法引導出他們的特色。應該把注意力放在他們的優點和才華，而且要不停地稱讚他們才對。

如此一來，我相信他們的態度應該會有顯著的改變。而你也能藉此提升自己，讓周遭的人目睹你成熟的風采。

不拘泥於「應該這麼做」的觀念，
以融通無礙的心對待。

Q7 工作上的怒氣

下屬不聽使喚，每天都惹我生氣

我是庭園設計師，平時要在庭園造景的現場指揮調度一大群人。在工作現場，我會留心兩件事。

第一，在現場，連末端工作人員都必須了解我想建造的庭院風格。第二，我有時會穿著地下足袋（譯註：拇指和其他四指分開的鞋子。為了配合穿「足袋」〔拇指和其他四指分開的傳統襪子〕所做的鞋子）、戴上手套，帶領大家一起工作，和周遭的人建立信賴關係。

或許是這兩個計策奏效的關係，即使我到了溝通難度較高的國外工作，他們都說現場工作人員的動作變得跟平時不同了。在現場，經我指示完畢後，據說平常本來都叫不動的弟子或當地工作人員的眼神都大為改變，動作變得俐落勤快。

這不是因為我比較厲害，而是我明確地傳達我想怎麼做，以及想達成什麼目的。

當大家腦中對於目標完成的模樣有鮮明的印象後，接下來我只需一聲令下，所有工作人員便會朝同一個目標邁進。

而且當他們照著我的指示做後，會發現庭園慢慢的發生變化，並從中得到樂趣。

每當工作人員執行完我下的指令後，會用閃閃發亮的眼神看著我，那眼神彷彿在說：「接下來我要做什麼？」接過我另一道指令後，他們又會立刻迅速地投入下一個工作。這些工作人員每完成一道作業，就看見庭園變得更接近完工的樣子，就心態上來說，他們認為自己不是「被逼著做」，而是「自己想做」。我甚至遇到有些工作人員雖然語言不通，卻能從我的手勢和眼神讀取到我的意圖，繼續投入下一道程序。

但是，我並非從未發怒。

看到笨手笨腳或偷懶的人員，我還是會大聲指責。但這不是情緒上的發洩，而是我知道大聲怒斥才能控制住現場的氣氛。被我斥責的人則會露出「糟糕，被抓到了」的苦笑，趕緊回到作業崗位上，不至於演變成針鋒相對的狀況。

不過要注意一點，若只光出一張嘴，沒有跟著他們一起勞動，無法得到這樣的效果。必須要和大夥一起流汗勞動，說出來的話才有說服力，才能得到他們的信賴。

有句禪語說「行解相應」。這是指禪的理論與實際行動達到一致的理想狀態。這句話在教導我們「自己做得到的事情，先由自己做起」。

想要使喚下屬，自己必須先拚命地工作。不受尊敬的上司不管怎麼對下屬生氣、怒罵，下屬也絕對聽不進耳裡。反而越罵，下屬的反抗越頑強。

想要改變別人，必須先以身作則。**周遭的人看到你朝著目標努力邁進的模樣，自然也想跟著動起來。**

想要帶領眾人達成目的，主事者必須比任何人更熱中此事，並站在最前線帶領所有人前進。

讓下屬想像工作完成時的模樣，
並自己率先行動。

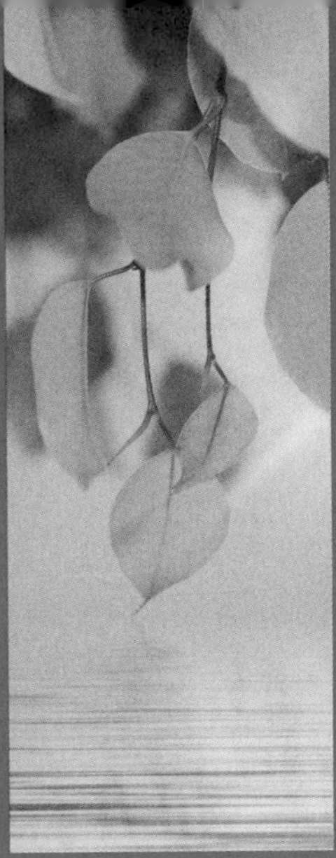

第四章

使你人生為之一變
「不生氣的生活態度」

一切事情都值得「感恩」

前面我教各位如何擺脫怒氣，以及如何自由自在生活與思考的方法。

但人的改變需要時間，我們都是有情感的動物，即使知道這些方法，難免還是會遇到心情不好或失去冷靜的時候。

遇到這些狀況時，只要活用我在第二章和第三章教大家的方法，我相信你會活得比過去更輕鬆，更有彈性。

這種過日子的方式，正是我們常說的「日日是好日」。

任何一天都是「美好的一天」。

這個「好日」不單指「發生好事情的日子」或是「快樂的一天」的意思。而是指不管今天發生什麼事，都是獨一無二，只有今天才體驗得到。

無論是平淡無奇的一天，或是興奮激動的一天，或是垂頭喪氣的一天，每一天都是獨一無二，寶貴的一天。

即使是精神上遭遇重大打擊的一天，若能將它視為未來成長的肥料，它就變成一種「寶貴的經驗」。又或者把不如意的事情視為未來邁向成功的一次試煉，你對它的解讀將完全改變。

換句話說，任何一件事都是值得「感恩」的事。

仔細想想，即使看似平淡無奇的一天，光是能平安過完一天這點，就非常值得感恩了，不是嗎？

我們很容易把走路、吃飯、呼吸、活著看作是稀鬆平常的事，其實光是呼吸一口氣，都不是我們一個念頭就能辦得到。

心臟和肺部並不會依照我們的意志運作，我們不需特別下指令，心臟和肺部等器官就會自然運作，提供我們生命所需，還有比這更令人感恩的事情嗎？

多虧有這麼多器官守護著我們，讓我們能吃東西、走路、看、聽，並且和許多人結緣。

只要想到有這麼多緣分支持、幫助自己，就覺得活著這件事實在是非常「值得感恩」的事。能這樣想，就能「日日是好日」。

任何時候都能夠瀟灑做自己

用來表示禪宗修行僧的「雲水」這個詞，其實是源自於禪語「行雲流水」的簡稱。在天空飄浮的雲和流動的水，不抵抗外在環境的變化，以自然之姿隨處存在。這樣的狀態和追求悟道、四處行腳的僧侶的姿態雷同。

這些行腳僧並非著力於「想盡一切辦法開悟」，而是以最自然的面貌專心投入眼前的修行。當他們全神貫注於眼前事物時，任何事情都能淡然處之，任何紛爭和困難都能謙虛地面對。

身邊的人看到他們這樣的姿態，都會不禁讚嘆：「那人活得真瀟灑。」

但若是被「想這麼做」、「一定要這麼做」等內心的欲望給束縛住，就無法活得像白雲或流水那樣自在了。

我長年建造庭園，有時心中仍會湧出一些欲望和執著，像是「我一定要建造出一座很棒的庭園」。但當心中一湧起這樣的想法，反而目光只專注在細部的技巧以及樣式，失去了掌握整體事物本質的能力。

以這種心態造園，無法達到令自己滿意的表現。

「禪庭」要求徹底去除多餘裝飾，找出石頭和樹木本身的特性，並彰顯出它們的特質，營造出樸素的美感。只有在忘記自己正在建造庭園，專注於勞動身體的狀態下，才能用盡全力建造出令自己滿意的庭園。

放下構想和企圖，渾然忘我地專注於眼前作業，如此才能發揮出每個素材的特質，找出最適合的擺設位置與擺設方式，達到最佳的效果。只有捨棄「好想打造一座很棒的庭院」這個執著，我才能專心面對素材，引導出它的特性，營造出調和的美感。

試著捨棄欲望和執著，放下憤怒和不滿，你會覺得身心變得輕盈，像白雲流水一樣活得靈活自在。**回歸最根本的態度面對事情，就能更自然輕鬆地發揮出自己最佳能力。**

先「安心」，才能搭上機會的浪潮

所謂的「安心」，是指任何時候皆能保持心神安定，脫離苦惱的狀態。

在禪宗，我們鼓勵任何能「安心」的修行。「安心」是指心情安靜澄澈，沒有一絲不滿與不安的狀態。也是發現自己心中擁有佛性，發現自己還活在世上，充滿感謝的狀態。

不安和擔憂不時會冒上心頭，困擾著我們，但其實這些煩惱都是我們在內心自己製造出來的東西。放下不安、恐懼、憤怒等負面情緒，就得到「安心」。得到安心後，哪怕只是日常生活中的一件小事，你都能從中獲得極大的幸福感。

和鄰居微笑打招呼。庭院的梅花開了。洗滌後的衣物變得乾爽。

原本覺得再平常不過的日常生活瑣事，突然都變得「好幸福」、「好感恩」。

每平安無事度過一天，就在心中感謝一次，以安穩的心情度過每一天，若能這麼過日子，你一定可以迎接新的機會，替自己的人生展開新的一頁。

就像春天的到來不獨厚任何人一樣，機會總是平等地造訪每個人。有時候，我們會覺得自己比周遭的人運氣差，機會總是和自己擦身而過。其實，如同季節變換時，春風吹向所有人一樣，機會是人人均等。

但是，當你滿腦子充滿不平、不滿、煩惱，即使機會正拍拍你的肩膀，你也無法察覺，白白讓機會溜走。即使你發現機會來到，也會因為心中縈繞著恐懼與不安，讓幸運女神悄悄從你身邊通過。

但當你的心安定下來，就能發現身邊的機會，並毫不猶豫地搭上機會的浪潮。不管下一波浪潮來得多麼漂亮，能搭上去的，永遠只有準備好的人。

來吧，先把你的心安定下來，然後搭上機會的浪潮吧。

不流於三分鐘熱度，並培養成一生的習慣

生氣這個行為其實就是心靈的壞習慣。這是長年間無意識培養出來的習慣，絕非兩、三天就能改變。

就像我們剛開始學習某種新能力或技術時，不可能一開始就能做到完美。但是只要按部就班學習，最後一定可以提升該項能力或技術。

因此，先讓我們訂個持續一百天的目標吧。

想要完全實踐本書所介紹的方法確實很不容易。因此，可以先挑一、兩個試試看。先選自己覺得容易做的，然後持續一百天，大約三個月的時間。這是因為習慣一件事情大概需要這麼久的時間。你也可以找一個模範人物作為自己的目標，模仿那個人的行為。

一百天說的容易，實際做起來的感覺仍是相當長的一段時間。要像登山一樣，定

期安排休息時間，你可以配合自己的時間，決定一個禮拜或一個月休息一次。

要是在某段時間內能完成指定目標，就可以休息一下，給自己「獎賞」。比如說，吃一頓豪華一點的午餐，或是去溫泉旅行等等，都可以。這麼一來，你就會有動力繼續努力向前。

以爬山來說，每休息一次，登山的標高越高，眼前景致不斷變化。登山者就是受到美麗景色的鼓舞，才有力氣繼續朝向山頂踏出下一步。

學會新習慣也是同樣的道理。每過一個階段再回顧自己的生活，就能感受到自己的成長。

持續一百天後，你就能真正的「脫胎換骨」了。

剛開始時會覺得有些困難，但越後面就會覺得越輕鬆順手。到時候，即使聽到任何尖酸刻薄的批評，也能以沉穩的心情應對。而且，從此面對任何事情都能一心不亂，保持最沉著冷靜的一面。

希望大家不斷精進，早日享受到這片「山頂」的景色。

任何人、任何時候都能改變

「我從小生長的環境不好」、「急性子是我們家代代相傳的個性」、「我年紀都這麼大了……」

有些人會因為上述這些理由，嘆氣道：「我這個性改不過來啦。」

的確，幼童時代或青春期發生的事情，或是受到家長老師處罰等不愉快的經驗，對一個人的人格形成會造成很大的影響。而且，年紀越大的人，可塑性越低，個性也會變得較保守，這都是事實。但無論從小的生長環境為何，不管是幾歲的人，都有可能改變自己。

另外，有些人會把自己的煩躁不安歸咎於他人，例如「我身邊都是一些沒有常識的人」、「要不是那個人，我才不會動不動就生氣」等等，這也是錯誤的觀念。他人是他人，自己是自己，只要懂得這個道理，到任何地方都能保持平常心，不為所動。

但是，即使下定決心的意志很強烈：「我絕對要改變」、「這次絕對要重新做人」，若行動上沒有改變，愛生氣的個性依舊無法改善。反過來說，只要行動改變，哪怕是一件小事，任何人任何時候都有可能改變。

或許有些人會覺得：「改變習慣實在太難了啦。」所以，我建議先從簡單的開始。不必像禪僧般二十四小時嚴格自律努力修行，也可以達到日益精進的效果。

「總之，先早起十分鐘試試看」、「仔細品嘗茶的滋味」、「精神抖擻地向別人打招呼」……

這些也都是「精進」，能做到其中一項都很不容易。這樣的精進方式，是不是讓你覺得輕鬆許多，而且有可能持續下去？

每天的微小變化，能確實地、一點一滴地改變你。而且旁人會感受到你的改變。可能會有人跟你說：

「這陣子你看起來似乎很愉快。」

「這陣子你的表情沉穩許多。」

當別人開始對你說出這些話的時候，你就會發現自己的生活和過去已經大大地改變了。

想改變一個人，必須從微小的變化開始累積。

生活改變，就能結好緣

佛教認為，所有的事物都因「緣」而生。

想要結好緣，必須先種下好緣的「因」。

只要不斷種下好的「因」，最後一定會產生好的「果」。而好的「果」又成為新的「因」，使下一個好緣出現，並產生好的結果。

這就是所謂的「結因緣」。

一般來說，「因緣」這個字使用在負面的意思上居多（譯註：在日文中，「因緣」除了有佛教用語中諸相生滅的因果關係這個意思之外，還有前世註定的宿命、由來、藉口、緣由、關係等意思）。例如「被人找碴」（因縁をつけられた），或是「因緣未解」（因縁がある）。其實，「因緣」二字源自於佛教，代表著世間的真理。

我前面提過，要改變先從自己做得到的地方開始就好，藉由具體行動，跨出改變自己的第一步。以佛教來說，這就是「結好緣」的作為。

有些人會懷疑：「只改變一、兩個習慣，性情真的就能變得沉穩嗎？」其實，只要改變一個習慣，就能改變方向，使你往下一個好習慣邁進。如此接二連三地產生變化和連鎖效應。

世間所有事物並非獨立存在，而是互相關聯的連鎖關係。

所以我們要做的並非拚命壓抑心中因憤怒而引起的漣漪，而是改變生活，讓心不起漣漪。如此一來，我們每天都能過著舒適的生活，心情變得安定，和身邊的人也會發生關係上的變化。

互相帶給別人良好的影響，將動能導入正確的方向，就能使眾人脫離負向螺旋，引入正向螺旋的循環。

現在大家知道，與其被怒氣拉進負向螺旋，不如下意識訓練自己結好緣是多麼重要的一件事了吧。

能為你的人生帶來好緣的，只有你自己。
讓我們今天就開始，立刻種下好「因」吧。

後記

佛教認為人的心中有貪、瞋、癡，三毒。

「貪」就是永無止境的貪婪心和欲望。「瞋」就是憤怒。「癡」就是愚昧、迷惑。只要這三種毒支配著我們的內心，我們就無法滿足當下這個瞬間，無法感受幸福的生活。

這本書談的是如何處理怒氣，當然也適用於處理欲望和困惑。

生命有限，如何在有限的生命中，運用自己的力量幫助別人？我們都應該想想這個問題，因為它能幫助我們過幸福的生活。

衷心希望這本書能幫助各位，懷抱希望迎接新時代的到來。

合掌

二〇一三年三月吉日　枡野俊明

不生氣的心

人生有九成的事都不值得生氣

作者　枡野俊明
譯者　鄭舜瓏
主編　蔡曉玲
行銷企畫　李雙如
封面設計　Mr. LIOU
內頁設計　張凱揚

發行人　王榮文
出版發行　遠流出版事業股份有限公司
地址　臺北市南昌路 2 段 81 號 6 樓
客服電話　02-2392-6899
傳真　02-2392-6658
郵撥　0189456-1
著作權顧問　蕭雄淋律師

2016 年 6 月 1 日　二版一刷
2016 年 11 月 2 日　二版六刷
定價　新台幣 250 元（如有缺頁或破損，請寄回更換）

ISBN 978-957-32-7831-3
遠流博識網　http://www.ylib.com　E-mail: ylib@ylib.com

國家圖書館出版品預行編目 (CIP) 資料

不生氣的心 : 人生有九成的事都不值得生氣 / 枡野俊明著 ; 鄭舜瓏譯 .
-- 第二版 . -- 臺北市 : 遠流 , 2016.06
面；　公分
ISBN 978-957-32-7831-3(平裝)

1. 情緒管理 2. 生活指導

176.52　　105007532